DAVID ARMANDO ZAVALETA VILLANUEVA E
SANTOS MIRANDA BORJAS

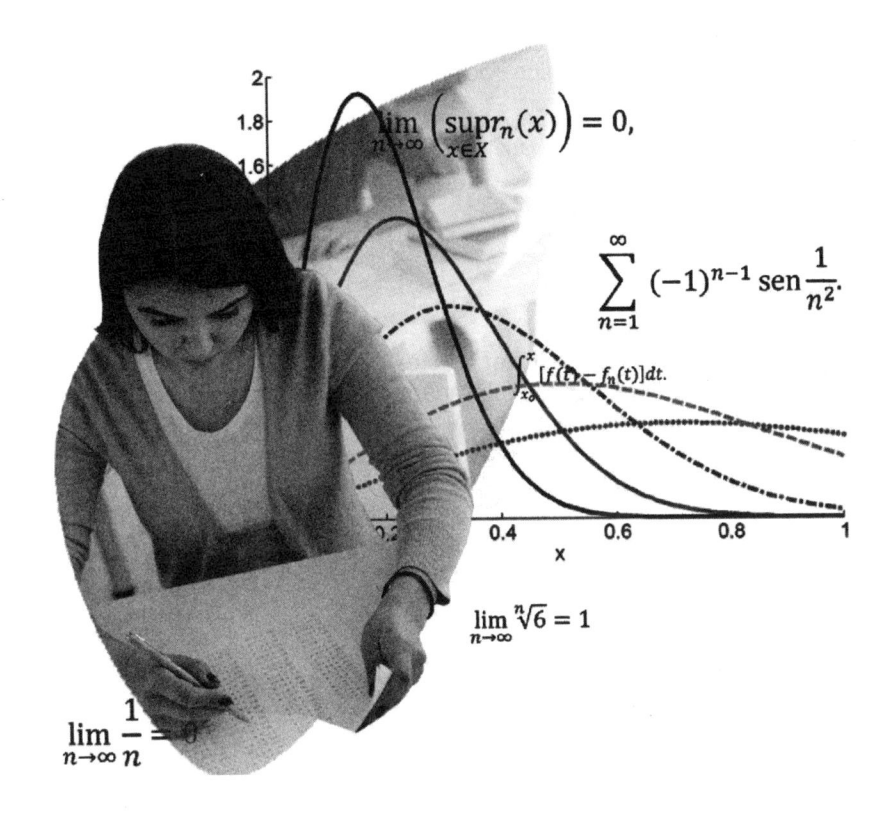

$$\lim_{n\to\infty}\left(\sup_{x\in X} r_n(x)\right) = 0,$$

$$\sum_{n=1}^{\infty} (-1)^{n-1} \operatorname{sen} \frac{1}{n^2}.$$

$$\int_{x_0}^{x} [f(t) - f_n(t)]dt.$$

$$\lim_{n\to\infty} \sqrt[n]{6} = 1$$

$$\lim_{n\to\infty} \frac{1}{n} = 0$$

DESDE SEQUÊNCIAS NUMÉRICAS ATÉ SÉRIES DE FOURIER

CB020863

EDITORA
CIÊNCIA MODERNA

Desde Sequências Numéricas até Séries de Fourier
Copyright© Editora Ciência Moderna Ltda., 2019

Editor: Paulo André P. Marques
Produção Editorial: Dilene Sandes Pessanha
Capa: Daniel Jara
Diagramação: Daniel Jara
Copidesque: Equipe Ciência Moderna

FICHA CATALOGRAFICA

VILLANUEVA, David Armando Zavaleta; BORJAS, Santos Miranda.

Desde Sequências Numéricas até Séries de Fourier

Rio de Janeiro: Editora Ciência Moderna Ltda., 2019.

1. Matemática
I — Título

ISBN: 978-85-399-1049-6   CDD 510

Editora Ciência Moderna Ltda.
R. Alice Figueiredo, 46 – Riachuelo
Rio de Janeiro, RJ – Brasil   CEP: 20.950-150
Tel: (21) 2201-6662/ Fax: (21) 2201-6896
E-mail: LCM@LCM.COM.BR
WWW.LCM.COM.BR

08/19

Prefácio

A proposta do presente livro é apresentar um manual teórico e prático sobre algumas das partes mais interessantes da Análise, sequências numéricas, séries numéricas, sequências funcionais, séries de funções, séries de Fourier e suas aplicações nas equações da física matemática. A prática moderna da ciência e tecnologia exige cada vez mais o conhecimento e aplicações de fortes teorias matemáticas como as citadas acima.

Desejo que este livro seja um verdadeiro ajudante na resolução de alguns problemas de análise matemática, pois o propósito principal destas notas é mostrar e ensinar ao leitor as primeiras noções básicas e avançadas, sobre as sequências e séries. Esse manual foi escrito fundamentado em nossa experiência como alunos de graduação e mestrado nas disciplinas de cálculo diferencial e integral e cálculo avançado respectivamente, assim como do ministrantes da disciplina cálculo avançado na pós-graduação do PPGMAE-UFRN, do ensino de análise nos cursos de bacharelado e licenciatura em matemática da UFRN e do ensino dos Cálculos II e III para os cursos de engenharia na UFRN.

Esse livro foi idealizado pensando nos estudantes que gostam e também para aqueles que não gostam muito de Análise Matemática, pois os temas são apresentados de forma clara, simples, concatenada e concisa e abordam quase todos os assuntos sobre séries. Em algumas partes do livro, ilustramos os resultados com muitos exemplos, e em outros, o rigor matemático não é abandonado.

No começo de cada capítulo introduzimos as definições necessárias e desenvolvemos a teoria respectiva. O material teórico ilustra-se com um grande número de exemplos e problemas de diferentes dificuldades. No possível, os tipos de problemas e métodos de sua solução são sistematizados. A cada final de capítulo propõe-se uma série de exercícios propostos que servem para facilitar o entendimento e complementar o texto teórico que podem ser resolvidos usando os métodos apresentados anteriormente.

Cada teoria matemática tem suas raízes na vida real e o estudo das séries não é diferente.

O presente livro divide-se em cinco capítulos, todos eles concatenados, cada capítulo é necessário para o entendimento do próximo capítulo. É importante prestar atenção nos exemplos, pois eles trazem as aplicações e informações das teorias desenvolvidas anteriormente.

Assim, no capítulo 1, faremos uma breve introdução à teoria das sequências numéricas, começando com as progressões aritméticas e progressões geométricas (pode-se omitir estes dois assuntos se o aluno já estiver familiarizado) de maneira tal a descrever as ferramentas necessárias para serem utilizadas sistematicamente nos capítulos seguintes. Destaque especial, merece o estudo do número neperiano ou Euler e constante, que serve de base para os logaritmos naturais.

No capítulo 2, estudaremos as séries numéricas junto com todos os seus critérios de convergência, que nos permitirão dizer quando elas convergem ou divergem. Colocamos uma grande seleção de exemplos para entender e reforçar cada critério de convergência. Menção especial é o estudo das séries absolutamente convergentes de séries numéricas cujos termos possuem sinais arbitrários.

No capítulo 3, abordaremos assuntos teóricos, como convergência pontual e convergência uniforme para sequências de funções e séries de funções, cujos resultados são importantes para o estudo de séries de potências, que consideraremos no capítulo 4.

No capítulo 4, dedicaremos nossa atenção ao estudo das séries de potências com seu intervalo de convergência. Um resultado importante neste capítulo é o Teorema de Taylor, junto com a série de Maclaurin. Usando estes resultados iremos encontrar o desenvolvimento em séries de potências de algumas funções elementares.

No capítulo 5, estudaremos as séries trigonométricas de Fourier e suas aplicações nas equações da física matemática.

Sendo assim, este livro destina-se aos alunos de graduação em Matemática que estão cursando as disciplinas de Análise tanto na licenciatura como no bacharelado, para os alunos do curso de física e todos os alunos das engenharias que cursam as disciplinas Cálculo II e Cálculo III.

No final destes capítulos encontra-se uma seleta bibliografia de livros avançados que permitirão fundamentar e aprofundar a teoria desenvolvida aqui.

Espero que você, aluno, encontre na leitura desta obra tanto prazer quanto nós encontramos ao escrevê-la.

Finalmente, consideramos muito importante expressar nossos sinceros agradecimentos aos Professores do Departamento de Matemática do CCET-UFRN, Carlos Alexandre Gomes da Silva, Rossewelt Fonseca Soares e Benedito Tadeu V. Freire por terem lido toda a nossa obra inicial, oferecendo sugestões e correções praticamente em todos os capítulos do livro, além de me ajudar na construção de quase todos os gráficos.

Natal 05 de setembro de 2018

David Zavaleta Villanueva
Santos Miranda Borjas

Sumário

Capítulo 1

Sequências Numéricas

Antes de abordar propriamente sequências numéricas, estudemos dois de seus casos particulares: as progressões aritméticas e as progressões geométricas. Neste capítulo e nos capítulos 2 e 4, a progressão geométrica será usada quando estudarmos as séries numéricas (série geométrica) e as séries de potências em x.

Obviamente, as seções sobre progressão aritmética e progressão geométrica podem ser desconsideradas, caso o leitor já esteja familiarizado com estes assuntos.

1.1 Progressão Aritmética

Chama-se progressão aritmética a sequência de números $(a_n)_n, n \in \mathbb{N}$, onde cada termo, a partir do segundo, é igual ao anterior somado por uma constante única d, isto é,

$$a_{n+1} = a_n + d, n \in \mathbb{N}$$

O número d chama-se razão da progressão aritmética, a_1-primeiro termo e a_n-termo geral ou n-ésimo termo.

Assim, por exemplo, a sequência
$$3,7,11,15,19,\dots$$

tem como primeiro termo o número 3, e razão 4, pois $7 = 3 + 4$, $11 = 7 + 4$, etc.

Agora, vamos deduzir uma fórmula que relacione o n-ésimo termo com o primeiro termo, o número de termos e a razão. Assim, partindo da definição, obtemos

$$
\begin{aligned}
a_n &= a_{n-1} + d \\
a_{n-1} &= a_{n-2} + d \\
a_{n-2} &= a_{n-3} + d \\
\vdots &= \vdots \\
a_3 &= a_2 + d \\
a_2 &= a_1 + d
\end{aligned}
$$

donde somando todas as igualdades acima, obtemos

$$a_n = a_1 + (n-1)d. \tag{1}$$

Exemplo 1.1 Seja $(a_n)_n$ uma progressão aritmética, com $a_1 = 5$ e $d = 5$. Encontre o termo a_{11}.

Como $a_1 = 5, d = 5$ e $n = 11$, então pela fórmula (1), temos $a_{11} = 5 + (11 - 1) \times 5 = 55$.
Seguindo a definição de progressão aritmética, temos

$$
\begin{aligned}
a_{n+1} - a_n &= d, \\
a_n - a_{n-1} &= d,
\end{aligned} \quad n \geq 2
$$

desta forma

$$a_{n+1} - a_n = a_n - a_{n-1},$$

donde

$$a_n = \frac{a_{n-1} + a_{n+1}}{2}.$$

Assim, vemos que cada termo da progresão aritmética a partir do segundo termo é igual a média aritmética do termo anterior e do termo posterior a ele.

Exemplo 1.2 Seja $a_n = 3n - 5$, mostre que ele é o termo geral de uma progressão aritmética.

Para $n \geq 2$ temos

$$a_n = 3n - 5, a_{n-1} = 3(n-1) - 5 = 3n - 8, a_{n+1} = 3n - 2.$$

Portanto,

$$a_n = 3n - 5 = \frac{(3n-8) + (3n-2)}{2} = \frac{a_{n-1} + a_{n+1}}{2}.$$

Exemplo 1.3 Demonstre que, se

$$f(x) = mx + c, \; m, c \in \mathbb{R}$$

e os números x_1, x_2, x_3 formam uma progressão aritmética, então os números $f(x_1), f(x_2), f(x_3)$ também formam uma progressão aritmética.

Como x_1, x_2, x_3 formam uma progressão aritmética, então $x_2 = \frac{x_1 + x_3}{2}$. Basta verificar que $f(x_2) = \frac{f(x_1) + f(x_3)}{2}$. De fato

$$
\begin{aligned}
\frac{f(x_1) + f(x_3)}{2} &= \frac{mx_1 + c + mx_3 + c}{2} \\
&= \frac{m(x_1 + x_3) + 2c}{2} \\
&= \frac{m(2x_2) + 2c}{2} \\
&= mx_2 + c \\
&= f(x_2).
\end{aligned}
$$

Já vimos acima (1), que na progressão aritmética $(a_n)_n$, o termo n-ésimo pode ser escrito como $a_n = a_1 + (n-1)d$, mas, isto pode ser reescrito na forma:

$$a_n = a_1 + (n - k + k - 1)d = a_1 + (k-1)d + (n-k)d = a_k + (n-k)d,$$

ou seja, tem lugar a seguinte fórmula:

$$a_n = a_k + d(n - k), \; 1 \leq k \leq n - 1,$$

onde n e k são números naturais. Trocando k por $n - k$ e por $n + k$, na última igualdade, obtemos

$$a_n = a_{n-k} + kd,$$
$$a_n = a_{n+k} - kd,$$

donde encontramos

$$a_n = \frac{a_{n-k} + a_{n+k}}{2} \quad 1 \le k \le n - 1.$$

Assim, cada termo da progresão aritmética a partir do segundo termo é igual a média aritmética dos seus termos equidistantes.

Usando novamente a fórmula (1) podemos escrever:

$$a_n = a_1 + (n-1)d, \, a_m = a_1 + (m-1)d, \quad a_k = a_1 + (k-1)d, \quad a_l = a_1 + (l-1)d.$$

Donde, $a_m + a_n = 2a_1 + (m+n-2)d$ e $a_k + a_l = 2a_1 + (k+l-2)d$.

Observa-se que

$$a_m + a_n = a_k + a_l, \quad se \ m + n = k + l.$$

Exemplo 1.4 Para uma progressão aritmética $(a_n)_n$ qualquer, obtemos as seguintes fórmulas;

1. $a_{40} = \frac{a_{25} + a_{55}}{2}$, pois $a_{25} = a_{40-15}$ e $a_{55} = a_{40+15}$;

2. $a_{12} + a_{10} = a_{14} + a_8$;

3. $a_{30} + a_{20} = a_{13} + a_{37}$.

Exemplo 1.5 A soma do terceiro e quinto termos da progressão aritmética $(a_n)_n$ é igual a 22 e o produto do segundo e sexto termos é 85. Encontre o sétimo termo e a razão desta progressão.

Por hipótese, temos $a_3 + a_5 = 22$ e $a_2 a_6 = 85$, ou seja

$$\begin{cases} a_1 + 3d = 11 \\ (a_1 + d)(a_1 + 5d) = 85. \end{cases}$$

Da primeira equação, temos $d = \frac{11 - a_1}{3}$. Substituindo este valor na segunda equação, obtemos
$$4a_1^2 - 88a_1 + 160 = 0,$$

donde, $a_1 = 2$ e $a_1 = 20$. Assim, temos duas progressões aritméticas.

Para $a_1 = 2$, temos $d = \frac{11 - a_1}{3} = 3$. Desta forma, $a_7 = a_1 + 6d = 20$. E para $a_1 = 20$, temos $d = \frac{11 - a_1}{3} = -3$. Desta forma, $a_7 = a_1 + 6d = 2$.

Exemplo 1.6 Os números 9 e 19 são o primeiro e sexto termos respectivamente de uma progressão aritmética $(a_n)_n$. Encontre os 7 primeiros termos da progressão.

Como $a_n = a_1 + (n-1)d$, e para $n = 6$, $a_6 = a_1 + (6-1)d$, temos

$$d = \frac{a_6 - a_1}{6 - 1} = \frac{19 - 9}{5} = 2,$$

então os 7 primeiros termos são

$$9,11,13,15,17,19,21, \ldots$$

1.1.1 Soma dos n-Primeiros Termos de uma Progressão Aritmética

Agora vamos escrever uma fórmula para calcular a soma $S_n = a_1 + a_2 + \cdots + a_n$ dos primeiros n-termos de uma progressão aritmética $(a_n)_n$:

$$
\begin{aligned}
S_n \quad &= a_1 + a_2 + a_3 + \cdots + a_n = \\
&= a_1 + a_1 + d + a_1 + 2d + \cdots + a_1 + (n-2)d + a_n = \\
&= (n-1)a_1 + (1 + 2 + 3 + \cdots + n - 2)d + a_n = \\
&= (n-1)a_1 + \frac{1 + n - 2}{2}(n-2)d + a_n = \\
&= (n-1)a_1 + \frac{1 + n - 2}{2}(n-2)\frac{a_n - a_1}{n-1} + a_n = \\
&= \frac{na_1 + na_n}{2} = \\
&= \frac{a_1 + a_n}{2}n.
\end{aligned}
$$

Na quinta linha das igualdades acima usamos o fato que $d = (a_n - a_1)/(n-1)$.

Também podemos chegar a esta fórmula, usando a genial ideia que teve o grande matemático Gauss[1], ainda menino:

$$
\begin{aligned}
S_n \quad &= a_1 + a_2 + a_3 + \cdots + a_{n-2} + a_{n-1} + a_n, \\
S_n \quad &= a_n + a_{n-1} + a_{n-2} + \cdots + a_3 + a_2 + a_1
\end{aligned}
$$

somando, obtemos $\quad 2S_n = (a_1 + a_n) + (a_2 + a_{n-1}) + (a_3 + a_{n-2}) + \cdots + (a_n + a_1).$ Mas, como $(a_1 + a_n) = (a_2 + a_{n-1}) = (a_3 + a_{n-2}) = \cdots = (a_n + a_1)$, então

$$2S_n = (a_1 + a_n)n, \quad donde \quad S_n = \frac{a_1 + a_n}{2}n. \quad \blacksquare$$

Exemplo 1.7 Num jardim que possui a forma de um triângulo equilátero queremos saber se é possível plantar 136 árvores, de tal forma que na primeira fileira colocamos uma árvore, na segunda fileira colocamos duas árvores, na terceira, 3 árvores, e assim adiante até chegar a n —ésima fileira onde queremos colocar n árvores.

Suponha que n seja o número de fileiras. Observamos que a existência de tal jardim corresponde a existência de n, que satisfaça a seguinte igualdade

$$1 + 2 + \cdots + n = 136.$$

---

[1] Johann Carl Friedrich Gauss (1777-1855), grande matemático alemão.

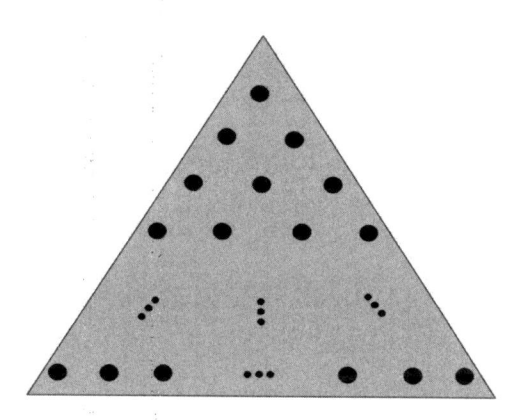

Figura1: jardim com 136 árvores

Para isto, basta resolver a seguinte equação

$$\frac{n(n+1)}{2} = 136.$$

Encontramos $n = 16$, ou seja, o jardim possui 16 fileiras.

Exemplo 1.8 Calcule a seguinte soma $1000^2 - 999^2 + 998^2 - 997^2 - \cdots + 2^2 - 1^2$.

Agrupemos esta soma em grupos de dois termos, e logo escrevamos suas diferenças de quadrados:
$$(1000^2 - 999^2) + (998^2 - 997^2) - \cdots + (2^2 - 1^2),$$

$$(1000 + 999)(1000 - 999) + (998 + 997)(998 - 997) - \cdots + (2 + 1)(2 - 1).$$

Simplificando, obtemos a soma dos primeiros 1000 números naturais, ou seja

$$S = 1000 + 999 + 998 + + \cdots + 2 + 1 = \frac{1000 + 1}{2} 1000 = 500500.$$

1.2 Progressão Geométrica

Definição 1.2 Chama-se progressão geométrica a sequência de números $(b_n), n \in \mathbb{N}$, onde cada termo, a partir do segundo, é igual ao termo anterior multiplicado por uma constante única $q \neq 0$, isto é,
$$b_{n+1} = b_n q, n \in \mathbb{N}.$$

O número q chama-se razão da progressão geométrica, b_1-primeiro termo e b_n-termo geral ou n-ésimo termo.
Assim, por exemplo, a sequência
$$1, 5, 25, 125, 625, \cdots$$

onde cada termo, começando pelo segundo, obtem-se do anterior multiplicando por 5 é uma progressão geométrica, de razão $q = 5$ e $b_1 = 1$.

Para uma progressão geométrica $(b_n), n \geq 2$ com razão q, temos

$$\frac{b_n}{b_{n-1}} = \frac{b_{n+1}}{b_n} = q,$$

donde,

$$b_n^2 = b_{n-1}b_{n+1}.$$

Por exemplo, para a progressão geométrica

$$1,3,9,27,81,243,729,\cdots,3^{n-1},\cdots$$

temos as seguintes igualdades

$$3^2 = 1 \cdot 9; \ 9^2 = 3 \cdot 27; \ 27^2 = 9 \cdot 81; \ 243^2 = 81 \cdot 729; \ 3^{2n} = 3^{n-1} \cdot 3^{n+1}.$$

Para qualquer progressão geométrica $(b_n)_n$ são válidas as seguintes igualdades:

$$b_n = b_1 q^{n-1}, \ b_m = b_1 q^{m-1}, \ b_r = b_1 q^{r-1}, \ b_s = b_1 q^{s-1}, \ \ m,n,r,s \in \mathbb{N}.$$

Também, $\ b_n b_m = b_1^2 q^{n+m-2}, \ \ b_r b_s = b_1^2 q^{r+s-2}.$

A igualdade

$$b_m b_n = b_r b_s \ \text{é válida se} \ m+n = r+s.$$

Exemplo 1.9 Suponha que todos os termos da progressão geométrica $(b_n)_n$ sejam positivos. Se $b_8 = 3$ e $b_{16} = 4$. Encontre b_{14} e $b_3 b_{23}$.

Como $8 + 16 = 12 + 12$, então $\ b_{12}^2 = b_8 b_{16} = 12;$ portanto, $b_{12} = 2\sqrt{3}$. Também, como $12 + 16 = 14 + 14$, então $b_{14}^2 = b_{12}b_{16} = 8\sqrt{3}$, isto é, $b_{14} = \sqrt{8\sqrt{3}}$. Por fim, de $12 + 14 = 26 = 3 + 23$, segue que,

$$b_3 b_{23} = b_{12}b_{14} = 2\sqrt{3}\sqrt{8\sqrt{3}} = 4\sqrt{6}\sqrt[4]{3}.$$

1.2.1 Soma dos n-Primeiros Termos de uma Progressão Geométrica

A soma $S_n = b_1 + b_2 + b_3 + \cdots + b_n$ dos primeiros n termos de uma progressão geométrica $(b_n)_n$ de razão $q \neq 0$ é dada pela fórmula

$$S_n = b_1 \frac{1 - q^n}{1 - q}$$

De fato,

$$\begin{aligned} S_n &= b_1 + b_2 + b_3 + \cdots + b_n \\ qS_n &= q(b_1 + b_2 + b_3 + \cdots + b_n), \end{aligned}$$

Subtraindo a segunda equação da primeira, obtemos $S_n - qS_n = b_1 - qb_n$. Se $q \neq 1$, temos

$$S_n = \frac{b_1 - qb_n}{1 - q} = \frac{b_1 - q(q^{n-1}b_1)}{1 - q} = b_1 \frac{1 - q^n}{1 - q}.$$

Se $q = 1$, então $\ S_n = nb_1.$ ∎

Por exemplo,

1. $1 + 3 + 9 + \cdots + 3^{n-1} = \frac{1-3^n}{1-3} = \frac{3^n-1}{2}$;

2. $\frac{1}{2^4} + \frac{1}{2^5} + \cdots + \frac{1}{2^{n-1}} = \frac{1}{2^4}\left(1 + \frac{1}{2} + \frac{1}{2^2} + \cdots + \frac{1}{2^{n-5}}\right) = \frac{1}{2^4}\frac{1-(\frac{1}{2})^{n-4}}{1-\frac{1}{2}} = \frac{1}{8}\left(1 - \frac{1}{2^{n-4}}\right).$

Exemplo 1.10 Mostre que, para a progressão geométrica $(b_n)_n$ de razão q com $n \geq 2$ vale a igualdade
$$b_2 + b_4 + b_6 + \cdots + b_{2n} = \frac{qS_{2n}}{1+q}.$$

Seja $S_{2n} = b_1 + b_2 + b_3 + \cdots + b_{2n}$. Multipliquemos esta igualdade pela razão q:

$$\begin{aligned}
qS_{2n} &= qb_1 + qb_2 + qb_3 + \cdots + qb_{2n} = b_2 + b_3 + b_4 + \cdots + b_{2n} + qb_{2n} = \\
&= b_2 + b_4 + b_6 + \cdots + b_{2n} + (b_3 + b_5 + b_7 + \cdots + qb_{2n}) = \\
&= b_2 + b_4 + b_6 + \cdots + b_{2n} + q(b_2 + b_4 + b_6 + \cdots + b_{2n}) = \\
&= (q+1)(b_2 + b_4 + b_6 + \cdots + b_{2n}).
\end{aligned}$$

Portanto, $\frac{qS_{2n}}{1+q} = b_2 + b_4 + b_6 + \cdots b_{2n}$.

Exemplo 1.10 Calcular a seguinte soma
$$S = 8 + 88 + 888 + \cdots + \underbrace{8888 \cdots 8888}_{1000 \ algarismos}.$$

Como $1 = \frac{9}{9} = \frac{10-1}{9}, 11 = \frac{100-1}{9} = \frac{10^2-1}{9}, 111 = \frac{10^3-1}{9}$. Portanto, o número $\underbrace{8888 \cdots 888}_{n \ algarismos}$ para qualquer n natural, pode ser escrito como:

$$\underbrace{8888 \cdots 888}_{n \ algarismos} = 8\left(\overbrace{1111 \cdots 111}^{n \ algarismos}\right) = 8\frac{\overbrace{9999 \cdots 999}^{n \ algarismos}}{9} = 8\frac{10^n - 1}{9}.$$

Então

$$\begin{aligned}
S &= 8\frac{10-1}{9} + 8\frac{10^2-1}{9} + 8\frac{10^3-1}{9} + \cdots + 8\frac{10^{1000}-1}{9} = \\
&= \frac{8}{9}(10 + 10^2 + 10^3 + \cdots + 10^{1000} - 1000) = \\
&= \frac{8}{9}\left[\frac{10(10^{1000}-1)}{10-1} - 1000\right] = \frac{8}{9}(\underbrace{1111 \cdots 11}_{1000 \ algarismos} 0 - 1000) \\
&= \frac{8}{9}(\underbrace{1111 \cdots 11}_{997 \ algarismos} 0110).
\end{aligned}$$

Exemplo 1.11 Mostre, que

$$\underbrace{(666 \cdots 666)^2}_{n \ algarismos} + \underbrace{888 \cdots 888}_{n \ algarismos} - \underbrace{444 \cdots 444}_{2n \ algarismos} = 0.$$

Do exemplo anterior, temos

$$\underbrace{(66\cdots 6)^2}_{n\ algarismos} = \left(6\frac{10^n - 1}{9}\right)^2, \quad \underbrace{88\cdots 8}_{n\ algarismos} = 8\frac{10^n - 1}{9}, e$$

$$\underbrace{44\cdots 4}_{2n\ algarismos} = 4\frac{10^{2n} - 1}{9} = 4\frac{(10^n - 1)(10^n + 1)}{9}.$$

Então

$$\left(\underbrace{666\cdots 666}_{n\ algarismos}\right)^2 + \underbrace{888\cdots 888}_{n\ algarismos} - \underbrace{444\cdots 444}_{2n\ algarismos} = \frac{10^n - 1}{9}\left(6^2\frac{10^n - 1}{9} + 8 - 4(10^n + 1)\right) =$$

$$= \frac{10^n - 1}{9}(4(10^n - 1) + 8 - 4(10^n + 1)) =$$

$$= \frac{10^n - 1}{9}(0) = 0.$$

1.3 Definição de Sequência Numérica

Uma sequência, na matemática, é uma coleção de objetos, como números, que seguem um padrão estabelecido.

Assim, se a cada número natural n fazemos corresponder um número real a_n, então dizemos que está definida uma sequência numérica

$$a_1, a_2, a_3, \cdots, a_n, \cdots$$

Os números $a_1, a_2, \cdots$ chamam-se termos da sequência e a_n é o termo geral.

Vamos denotar a sequência por $(a_n)_{n\in\mathbb{N}}$ ou simplesmente por $(a_n)_n$. Uma sequência pode ser definida com ajuda da fórmula

$$a_n = f(n), n \in \mathbb{N}$$

onde f é alguma função definida no conjunto dos números naturais. Neste caso, esta fórmula chama-se fórmula do termo geral da sequência $(a_n)_n$.

Por exemplo,
1. $a_n = \sqrt[3]{n}, n \in \mathbb{N}$;
$$(a_n)_n = (\sqrt[3]{n})_n = \left(1, \sqrt[3]{2}, \sqrt[3]{3}, \sqrt[3]{4}, \dots, \right)$$

2. $a_n = (2n)!, n \in \mathbb{N}$;
$$(a_n)_n = ((2n)!)_n = (2!, 4!, 6!, 8!, \dots,)$$

3. $a_n = \begin{cases} n^3, & se\ n = 2k \\ 1/(n + 1), & se\ n = 2k - 1, \end{cases} k = 1,2,\cdots$

$$(a_n)_n = (1/2, 2^3, 1/4, 4^3, 1/6, \dots,)$$

Podemos, também, definir uma sequência usando uma relação de recorrência. Este método consiste em definir um ou alguns termos da sequência, e logo escrever uma fórmula que nos permita encontrar o termo geral a_n através dos primeiros termos. Por exemplo,

1. $a_1 = 2, a_{n+1} = a_n - 1$ para $n \geq 1$;

2. $c_1 = -1, c_2 = 1, c_n = 3c_{n-1} - c_{n-2}$ para $n \geq 3$.

Destas duas relações de recorrência, encontramos,

$$a_1 = 2, \ a_2 = 1, \quad a_3 = 0, \ a_4 = -1, \quad a_5 = -2, \cdots;$$
$$c_1 = -1, \quad c_2 = 1, \ c_3 = 4, \quad c_4 = 11, \quad c_5 = 29. \cdots$$

Uma das mais famosas sequências é a sequência de Fibonacci[2] dada pelos seguintes inteiros:

$$1, 1, 2, 3, 5, 8, 13, 21, 34, 55, 89, 144, 233, 377, 610, 987, 1597, \ldots$$

Por definição, os dois primeiros termos da sequência são 1 e 1, e cada termo da sequência, apartir do segundo termo é a soma dos dois termos anteriores. Em termos matemáticos, esta sequência pode ser definida como uma relação de recorrência:

$$F_n = F_{n-1} + F_{n-2}, n \geq 3, \ com \ F_1 = 1, \quad F_2 = 1.$$

A sequência descoberta por Fibonacci podemos encontrá-la na computação, matemática, jogos, na música e até na natureza!

Figura 2: A espiral aloe de Fibonacci

O descobrimento de Fibonacci nos apresenta outras surpresas, como sua aplicação em diferentes áreas da matemática, em particular na construção de um retângulo com quadrados internos cujos lados têm comprimento igual aos números de Fibonacci. Este retângulo se assemelha ao retângulo áureo.

---

[2] Leonardo Fibonacci ou Leonardo de Pisa (1170-1250), matemático italiano.

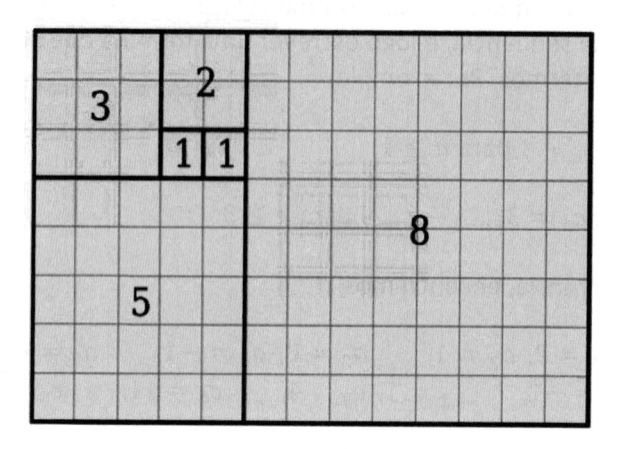

Figura 3: Retângulo Áureo

O número áureo, conhecido também como razão áurea, proporção divina, é um número irracional representado por φ. Esta razão define-se por

$$\varphi = \lim_{n \to \infty} \varphi_n, \qquad onde \ \ \varphi_n = \frac{F_n}{F_{n-1}}.$$

Assim, para

$$n = 15, \qquad F_{15} = 610, \ \varphi_{15} = \frac{610}{377} = 1,6180371$$

$$n = 16, \ F_{16} = 987, \ \varphi_{16} = \frac{987}{610} = 1,6180327$$

$$n = 17, \ F_{17} = 1597, \qquad \varphi_{17} = \frac{1597}{987} = 1,6180344$$

$$:= \ \cdots\cdots$$

A última linha desta tabela sugere que, quando n cresce, a razão φ_n se aproxima cada vez mais do número áureo φ.

Tentemos calcular este número. Vejamos,

$$\varphi_{n+1} = \frac{F_{n+1}}{F_n} = \frac{F_n + F_{n-1}}{F_n} = 1 + \frac{F_{n-1}}{F_n} = 1 + \frac{1}{\varphi_n}.$$

Supondo que $\lim_{n \to \infty} \varphi_n = \varphi$, segue que $\lim_{n \to \infty} \varphi_{n+1} = \varphi$, então basta resolver a equação $\varphi = 1 + \frac{1}{\varphi}$ para chegar a proporção divina. Assim

$$\varphi = \frac{1 + \sqrt{5}}{2} = 1,61803398874 \ldots.$$

1.4 Sequências Monótonas

Definição 1.3 Uma sequência $(a_n)_n$ chama-se crescente, se para qualquer número natural n vale a desigualdade

$$a_{n+1} > a_n, n \in \mathbb{N}.$$

Exemplo 1.14 Mostre que a sequência $(a_n)_n$ com termo geral $a_n = \frac{n-4}{n+1}$, é uma sequência crescente.

Precisamos verificar que $a_{n+1} - a_n > 0$. De fato,

$$a_{n+1} - a_n = \frac{(n+1)-4}{n+1+1} - \frac{n-4}{n+1} = \frac{n^2 - 2n - n^2 + 2n + 8 - 3}{(n+2)(n+1)} = \frac{5}{(n+2)(n+1)} > 0.$$

Desta forma, $a_{n+1} > a_n$ para todo $n \in \mathbb{N}$.

Definição 1.4 Uma sequência (a_n) chama-se decrescente, se para qualquer número natural n vale a desigualdade

$$a_{n+1} < a_n, n \in \mathbb{N}.$$

Exemplo 1.15 Mostre que a sequência $(a_n)_n$ com termo geral $a_n = \frac{1}{n}$ é uma sequência decrescente.

De fato, $a_{n+1} - a_n = \frac{1}{n+1} - \frac{1}{n} = -\frac{1}{n(n+1)} < 0$. Desta forma $a_{n+1} < a_n$.

Definição 1.5 Uma sequência $(a_n)_n$ chama-se não decrescente, se para qualquer número natural n vale a relação

$$a_{n+1} \geq a_n, n \in \mathbb{N}.$$

Definição 1.6 Uma sequência $(a_n)_n$ chama-se não crescente, se para qualquer número natural n vale a relação

$$a_{n+1} \leq a_n, n \in \mathbb{N}.$$

Exemplos de sequências não crescentes e não decrescentes são as sequências constantes: $(c, c, c, \ldots,)$, $c \in \mathbb{R}$.

Pode acontecer que as sequências sejam nem não crescentes e nem não decrescentes. Por exemplo, a sequência $((-1)^n)_n = (-1, 1, -1, 1, -1, \cdots)$.

Em geral, as sequências definidas nas definições 1.3 - 1.6 chamam-se *sequências monótonas*.

1.5 Sequências Limitadas

A sequência $(a_n)_n$ chama-se limitada superiormente se existe um número real M tal que para qualquer número natural n vale a desigualdade $a_n \leq M$.

Exemplos de sequências limitadas superiormente:

$$a_n = -2n^3, b_n = (-1)^{n+1}, c_n = 3\pi\cos^6\frac{\pi n}{4}.$$

De fato,

$$a_n \leq 0, \qquad b_n \leq 1, c_n \leq 3\pi, \qquad n \in \mathbb{N}.$$

A sequência $(a_n)_n$ chama-se limitada inferiormente se existe um número real L tal que para qualquer número natural n vale a desigualdade $a_n \geq L$.

Exemplos de sequências limitadas inferiormente:

$$a_n = 5^{n+1}, \qquad b_n = (-1)^{n+3}, \; c_n = n!, \qquad n \in \mathbb{N}.$$

De fato

$$a_n \geq 25, \qquad b_n \geq -1, \qquad c_n \geq 1.$$

Definição 1.7 Uma sequência $(a_n)_n$ chama-se limitada, quando ela é limitada superior e inferiormente. Ou equivalentemente, se existem números reais A e B tais que,

$$A \leq a_n \leq B, \qquad \forall n \in \mathbb{N}.$$

Abaixo apresentamos uma outra forma de definir sequências limitadas.

Definição 1.8 Uma sequência $(a_n)_n$ chama-se limitada quando existe um número real positivo L tal que

$$|a_n| \leq L, \qquad \forall n \in \mathbb{N}.$$

Exemplo 1.16 A sequência com termo geral $a_n = 3/(n^2 + 5)$ é um exemplo de sequência limitada.

De fato, para qualquer n natural verifica-se;
$$0 < \frac{3}{n^2 + 5} < 1, \qquad isto\ é,\ 0 < a_n < 1, \qquad \forall n \in \mathbb{N}.$$

Exemplo 1.17 A sequência de termo geral $a_n = \frac{n+3}{n+2}$ é limitada.

De fato

$$a_n = \frac{n+3}{n+2} = \frac{n+2+1}{n+2} = 1 + \frac{1}{n+2} \leq \frac{4}{3}, \; \forall\, n \in \mathbf{N}$$

então $(a_n)_n$ é limitada superiormente.

Como $n + 4 > n + 3$, segue que $\frac{n+4}{n+3} > 1$, ou seja, $a_{n+1} = \frac{n+4}{n+3} > 1$.

Agora verifiquemos que a sequência é decrescente. De fato,

$$a_{n+1} - a_n = \frac{n+4}{n+3} - \frac{n+3}{n+2} = -\frac{1}{(n+3)(n+2)} < 0,$$

isto é, $a_{n+1} < a_n, \forall n \in \mathbb{N}$. Segue das duas últimas desigualdades:

$$1 < a_{n+1} < a_n \leq \frac{4}{3}.$$

Isto mostra que a sequência $(a_n)_n$ também é limitada inferiormente. Logo por definição, a sequência

$\left(\frac{n+3}{n+2}\right)_n$ é limitada.

1.6 Limite de uma Sequência

O número a chama-se limite da sequência $(a_n)_n$, se para qualquer número positivo (arbitrário) ε, encontra-se um número $n_o \in \mathbb{N}$ tal que, para todos os naturais $n > n_o$ vale a desigualdade

$$|a_n - a| < \varepsilon.$$

Para dizer que a é o limite da sequência $(a_n)_n$, usamos a seguinte notação: $\lim_{n \to \infty} a_n = a$.

Se a sequência possui limite, dizemos que ela converge, caso contrário dizemos que ela diverge.

Como a desigualdade $|a_n - a| < \varepsilon$ é equivalente as desigualdades $-\varepsilon < a_n - a < \varepsilon$, ou, $a - \varepsilon < a_n < a + \varepsilon$, então a afirmação de que a é limite da sequência $(a_n)_n$ equivale a dizer que para qualquer $\varepsilon > 0$, encontra-se $n_o \in \mathbb{N}$, que depende de ε, tal que todos os termos da sequência começando com o índice $n_o + 1$, ou seja, $a_{n_o+1}, a_{n_o+2}, \cdots$ pertencem ao intervalo $(a - \varepsilon, a + \varepsilon)$ e fora deste intervalo encontram-se somente um número finito de termos da sequência (no máximo n_o termos).

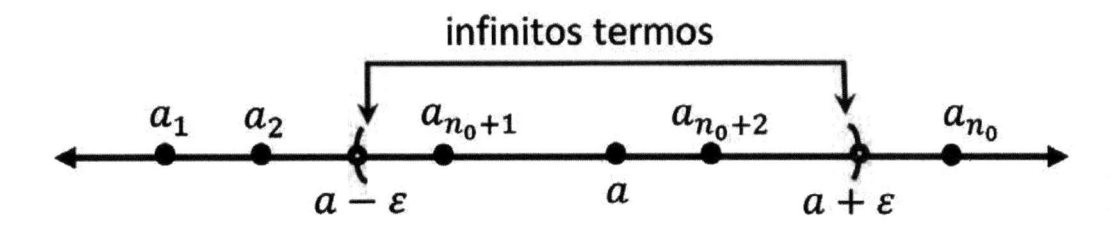

Figura 4: No intervalo $(a - \varepsilon, a + \varepsilon)$, encontram-se infinitos termos da sequência

Teorema 1.1 (Unicidade) Se a sequência $(a_n)_n$ converge para o número a, isto é,

$$\lim_{n \to \infty} a_n = a,$$

então este número é único.

Prova suponhamos que a sequência $(a_n)_n$ convirja para dois limites diferentes a e b.

Isto significa que :

$$\begin{cases} \forall \varepsilon > 0, & \exists n_1, & tal\ que\ \forall n > n_1 \Rightarrow |a_n - a| < \varepsilon \\ \forall \varepsilon > 0, & \exists n_2, & tal\ que\ \forall n > n_2 \Rightarrow |a_n - b| < \varepsilon \end{cases}$$

Escolhendo ε tão pequeno que $(a - \varepsilon, a + \varepsilon) \cap (b - \varepsilon, b + \varepsilon) = \emptyset$ e $n_o = \max\{n_1, n_2\}$, teríamos que, para todo $n > n_o$, $a_n \in (a - \varepsilon, a + \varepsilon) \cap (b - \varepsilon, b + \varepsilon)$, o que não é possível, pois a interseção é vazia. Desta forma $a = b$. ∎

Observação 1.1 Na prova acima, podemos escolher, por exemplo $\varepsilon = \frac{|b-a|}{2}$ para garantir que

$$(a - \varepsilon, a + \varepsilon) \cap (b - \varepsilon, b + \varepsilon) = \emptyset.$$

Exemplo 1.18 Mostre que o número 1/3 é o limite da sequência $\left(\frac{n+20}{3n}\right)_{n\in\mathbb{N}}$, isto é,

$$\lim_{n\to\infty} = \frac{n+20}{3n} = \frac{1}{3}.$$

É necessário mostrar que para cada ε positivo, encontra-se um n_o tal que para todo $n > n_o$ segue

$$\left|\frac{n+20}{3n} - \frac{1}{3}\right| < \varepsilon.$$

Como $\left|\frac{n+20}{3n} - \frac{1}{3}\right| = \left|\frac{20}{3n}\right| = \frac{20}{3n}$. Então a desigualdade $\left|\frac{n+20}{3n} - \frac{1}{3}\right| < \varepsilon$ é equivalente a desigualdade $\frac{20}{3n} < \varepsilon$, isto é, $n > \frac{20}{3\varepsilon}$. Se tomarmos o número natural n_o maior que $\frac{20}{3\varepsilon}$, então para qualquer número natural maior que este n_o, cumpre-se

$$\left|\frac{n+20}{3n} - \frac{1}{3}\right| = \frac{20}{3n} < \frac{20}{3n_o} < \frac{20}{3\frac{20}{3\varepsilon}} = \varepsilon,$$

e isto significa que $\lim_{n\to\infty}\frac{n+20}{3n} = \frac{1}{3}$.

Exemplo 1.19 Mostre que se $|q| < 1$, então

$$\lim_{n\to\infty} q^n = 0.$$

Suponhamos que, $q \neq 0$, pois o caso $q = 0$ é imediato. Como $0 < |q| < 1$, então $1/|q| > 1$. Isto significa que $1/|q| = 1 + \gamma$, onde $\gamma > 0$. Usando a desigualdade de Bernoulli[3], temos:

$$1/|q|^n = (1/|q|)^n = (1 + \gamma)^n \geq 1 + n\gamma > n\gamma.$$

Portanto, $|q|^n < \frac{1}{n\gamma}$ para todo n natural. Escolhamos $n_o > e^{-\ln\gamma\varepsilon} + 1$.

Assim, dado $\varepsilon > 0$ e para cada $n > n_o$, temos

$$\frac{1}{n_o} > \frac{1}{n} \ ou \ \frac{1}{\gamma n_o} > \frac{1}{\gamma n},$$

E, portanto,

$$|q^n - 0| = |q^n| = |q|^n < \frac{1}{n\gamma} < \frac{1}{\gamma n_o} < \frac{1}{\gamma(e^{-\ln\gamma\varepsilon} + 1)} < \frac{1}{\gamma e^{-\ln\gamma\varepsilon}} = \frac{1}{\gamma\frac{1}{\gamma\varepsilon}} = \varepsilon.$$

Exemplo 1.20 Mostre que a sequência $(a_n)_n = ((-1)^n)_n$ não possui limite.

Mostremos isto por contradição. Suponhamos que a sequência $(a_n)_n$ converge para o número a. Então, para qualquer ε positivo existe um número $n_o = n_o(\varepsilon)$, tal que, para cada $n > n_o$ vale a desigualdade $|a_n - a| < \varepsilon$. Em particular, para $\varepsilon = 1/2$, existe n_1 tal que, para qualquer $n > n_1$, vale

$$|a_n - a| < 1/2.$$

---

[3] Jacob Bernoulli, grande matemático suíço (1654-1705). **Desigualdade de J. Bernoulli:** Se $x > -1$ e $n \in \mathbb{N}$, então vale $(1 + x)^n \geq 1 + nx$.

Como $2n_1 > n_1$ e $2n_1 + 1 > n_1$, então para os termos a_{2n_1} e a_{2n_1+1} da sequência, cumprem-se as desigualdades

$$|a_{2n_1} - a| < 1/2, e|a_{2n_1+1} - a| < 1/2.$$

Como $a_{2n_1} = (-1)^{2n_1} = 1$, e $a_{2n_1+1} = (-1)^{2n_1+1} = -1$, temos

$$|1 - a| < 1/2, |-1 - a| < 1/2,$$

donde segue

$$2 = |(1 - a) + (a + 1)| \leq |1 - a| + |1 + a| < 1/2 + 1/2 = 1.$$

Assim, da suposição que a sequência $(a_n)_n$ converge, obtemos que $2 < 1$, absurdo.

Exemplo 1.21 Mostre que, se a sequência $(a_n)_{n \in \mathbb{N}}$ converge para o número a, então a sequência $(\cos a_n)_{n \in \mathbb{N}}$ converge para $\cos a$.

Seja $\varepsilon > 0$. Como $\lim_{n \to \infty} \cos a_n = \cos a$, então dado $\varepsilon > 0$ arbitrário, existe um número $n_o \in \mathbb{N}$, tal que

$$|a_n - a| < \varepsilon, n > n_o.$$

Para estes números, temos

$$
\begin{aligned}
|\cos a_n - \cos a| \quad &= |-2\operatorname{sen}\frac{a_n - a}{2}\operatorname{sen}\frac{a_n + a}{2}| \leq \\
&\leq 2|\operatorname{sen}\frac{a_n - a}{2}||\operatorname{sen}\frac{a_n + a}{2}| \leq \\
&\leq 2|\frac{a_n - a}{2}| = \\
&= |a_n - a| < \varepsilon,
\end{aligned}
$$

ou seja $\lim_{n \to \infty} \cos a_n = \cos a$.

Exemplo 1.22 Mostre que, se o termo geral da sequência $(a_n)_n$, $a_n \geq 0$ para todo n e $\lim_{n \to \infty} a_n = a$, então $\lim_{n \to \infty} \sqrt{a_n} = \sqrt{a}$.

Notemos que, $a \geq 0$. Consideremos, primeiramente, o caso $a > 0$; escrevendo

$$|\sqrt{a_n} - \sqrt{a}| = |\frac{(\sqrt{a_n} - \sqrt{a})(\sqrt{a_n} + \sqrt{a})}{\sqrt{a_n} + \sqrt{a}}| = |\frac{a_n - a}{\sqrt{a_n} + \sqrt{a}}| < \frac{|a_n - a|}{\sqrt{a}}.$$

Tomemos qualquer $\varepsilon > 0$, e considerando $\lim_{n \to \infty} a_n = a$, então para o número $\varepsilon_1 = \varepsilon\sqrt{a}$, existe um número $n_1 \in \mathbb{N}$, tal que

$$|a_n - a| < \varepsilon_1, n > n_1.$$

Então para cada $n > n_1$ temos

$$|\sqrt{a_n} - \sqrt{a}| < \frac{|a_n - a|}{\sqrt{a}} < \frac{\varepsilon_1}{\sqrt{a}} = \frac{\varepsilon\sqrt{a}}{\sqrt{a}} = \varepsilon.$$

Agora, consideremos $a = 0$ e ε qualquer número positivo, então existe um n_2 tal que para todos $n > n_2$

$$|\sqrt{a_n} - \sqrt{a}| = |\sqrt{a_n} - \sqrt{0}| = |\sqrt{a_n}| = \sqrt{a_n} < \sqrt{\varepsilon^2} = |\varepsilon| = \varepsilon.$$

Portanto, em ambos casos ($a > 0$ e $a = 0$), para qualquer $\varepsilon > 0$ encontra-se n_o tal que para todo $n > n_o$, cumpre-se

$$|\sqrt{a_n} - \sqrt{a}| < \varepsilon,$$

e isto significa que,

$$\lim_{n\to\infty} \sqrt{a_n} = \sqrt{a} = \sqrt{\lim_{n\to\infty} a_n}.$$

O seguinte resultado expõe uma relação entre sequência convergente e sequência limitada.

Teorema 1.2 Toda sequência convergente é limitada.

Prova: Seja $(x_n)_n$ a sequência convergente, ou seja $\lim_{n\to\infty} x_n = a$: $\forall \varepsilon > 0$, encontra-se um número $n_o \in \mathbb{N}$ tal que, para todos os naturais $n > n_o$ vale a desigualdade

$$|x_n - a| < \varepsilon.$$

Agora, consideremos os seguintes números: $\varepsilon, |x_1 - a|, |x_2 - a|, |x_3 - a|, \ldots |x_{n_o} - a|$. Assim, se denotarmos por

$$\alpha = \max\{\varepsilon, |x_1 - a|, |x_2 - a|, |x_3 - a|, \ldots |x_{n_o} - a|\},$$

podemos escrever $|x_n - a| \leq \alpha \ \forall n \in \mathbb{N}$, ou seja

$$a - \alpha \leq x_n \leq a + \alpha \ \forall n \in \mathbb{N}.$$

Observa-se que um resultado inverso nem sempre é verdadeiro, isto é, nem toda sequência limitada é convergente, tal como mostra o Exemplo 1.20.

1.7 Operações com Sequências

Antes de enunciar as operações aritméticas das sequências que possuem limites definiremos as sequências infinitesimais e sequências infinitas.

1.7.1 Sequências Infinitesimais

Definição 1.8 Diz-se que a sequência $(x_n)_n$ é uma sequência infinitesimal se $\lim_{n\to\infty} x_n = 0$:

$$\forall \varepsilon > 0 \ \exists \ n_o, \qquad \forall n \geq n_o \Rightarrow |x_n| < \varepsilon.$$

Já vimos no Exemplo 1.19 que a sequência $(q^n)_n$ com $|q| < 1$ é uma sequência infinitesimal. Também, a sequência $\left(\frac{1}{n}\right)_n$ é uma sequência infinitesimal, pois

$$\lim_{n\to\infty} \frac{1}{n} = 0.$$

As sequências infinitesimais têm algumas propriedades importantes.

Teorema 1.3 Se $(x_n)_n$ e $(y_n)_n$ são duas sequências infinitesimais, então $(x_n \pm y_n)_n$ é uma sequência infinitesimal.

Prova: Dado $\varepsilon > 0$, escolhamos $n_o \in \mathbb{N}$ tal que

$$|x_n| < \frac{\varepsilon}{2}, \quad |y_n| < \frac{\varepsilon}{2}, \quad n > n_o;$$

então

$$|x_n \pm y_n| \leq |x_n| + |y_n| < \frac{\varepsilon}{2} + \frac{\varepsilon}{2} = \varepsilon. \qquad \blacksquare$$

Teorema 1.4 Se $(x_n)_n$ é uma sequência infinitesimal, e $(b_n)_n$ é uma sequência limitada, não necessariamente convergente, então $(b_n x_n)_n$ é uma sequência infinitesimal.

Prova: Como a sequência $(b_n)_n$ é limitada, segue que, $|b_n| \leq c$ para todo n.

Agora, dado $\varepsilon > 0$, escolhamos n_o tal que

$$|x_n| < \frac{\varepsilon}{c}, \qquad quando \ n > n_o;$$

então para $n > n_o$

$$|b_n x_n| = |b_n||x_n| < c\frac{\varepsilon}{c} = \varepsilon. \qquad \blacksquare$$

Exemplo 1.23 Mostre que

$$\lim_{n \to \infty} \frac{8}{3n+5} \cos\frac{\pi\sqrt{n^3+12}}{n^4+7n-5} = 0.$$

Como a sequência $(b_n)_n = \left(\cos\frac{\pi\sqrt{n^3+12}}{n^4+7n-5}\right)_{n\in\mathbb{N}}$ é limitada, pois $|\cos\frac{\pi\sqrt{n^3+12}}{n^4+7n-5}| \leq 1$ e $\lim_{n\to\infty}\frac{8}{3n+5} = 0$, então a sequência $\left(\frac{8}{3n+5}\right)_{n\in\mathbb{N}}$ é infinitesimal, e portanto, a sequência $\left(\frac{8}{3n+5}\cos\frac{\pi\sqrt{n^3+12}}{n^4+7n-5}\right)_{n\in\mathbb{N}}$ é uma sequência infinitesimal, isto é,

$$\lim_{n \to \infty} \frac{8}{3n+5} \cos\frac{\pi\sqrt{n^3+12}}{n^4+7n-5} = 0.$$

Teorema 1.5 A sequência $(a_n)_n$ possui limite igual a a se, e somente se, $a_n = a + \alpha_n, n = 1,2,3,\ldots$, onde $(\alpha_n)_n$ é uma sequência infinitesimal.

Prova: Suponhamos que $\lim_{n\to\infty} a_n = a$. Escrevamos $\alpha_n = a_n - a, n = 1,2,\ldots$. Assim, $\forall\varepsilon > 0 \ \exists n_o, \ \forall n \geq n_o$, segue $|a_n - a| < \varepsilon$, ou seja $|\alpha_n| < \varepsilon$.

Agora, suponhamos que, $a_n = a + \alpha_n, n = 1,2,\ldots$, com $\lim_{n\to\infty}\alpha_n = 0$: $\forall\varepsilon > 0 \exists n_o, \forall n \geq n_o$, isto é, $|\alpha_n| < \varepsilon$. Como $\alpha_n = a_n - a$, segue que

$$|\alpha_n| = |a_n - a| < \varepsilon. \qquad \blacksquare$$

1.7.2 Sequências Infinitas

Definição 1.9 Diz-se que a sequência $(x_n)_n$ é uma sequência infinita se $\lim_{n\to\infty} x_n = \infty$:

$$\forall A > 0 \ \exists \ n_o, \qquad \forall n \geq n_o \Rightarrow |x_n| > A.$$

Se a sequência $(x_n)_n, n = 1, 2, \ldots$ é tal que $\forall A > 0 \ \exists n_o, \ \forall n \geq n_o \Rightarrow x_n > A$, então escrevemos

$$\lim_{n\to\infty} x_n = +\infty.$$

Se a sequência $(x_n)_n, n = 1, 2, \ldots$ é tal que $\forall A > 0 \ \exists n_o, \ \forall n \geq n_o \Rightarrow x_n < -A$, então escrevemos

$$\lim_{n\to\infty} x_n = -\infty.$$

Notemos que se $\lim_{n\to\infty} x_n = \pm\infty$, então $\lim_{n\to\infty} \frac{1}{x_n} = 0$.

Exemplo 1.24 Mostre que

$$\lim_{n\to\infty} n^2 = +\infty.$$

Seja A um número positivo qualquer e escolhemos $n_o = \left[\sqrt{A}\right] + 1$. Então para todo $n > n_o$ vale a desigualdade

$$n^2 > n_o^2 = \left(\left[\sqrt{A}\right] + 1\right)^2 > \left(\sqrt{A}\right)^2 = A.$$

Exemplo 1.25 Mostre que

$$\lim_{n\to\infty} -n^3 = -\infty.$$

Seja A um número positivo qualquer e escolhemos $n_o = \left[\sqrt[3]{A}\right] + 1$. Então para todo $n > n_o$ vale a desigualdade

$$-n^3 < -n_o^3 = -\left(\left[\sqrt[3]{A}\right] + 1\right)^3 < -\left(\sqrt[3]{A}\right)^3 = -A.$$

Agora vamos enunciar as propriedades das operações aritméticas das sequências que possuem limites. Usando o Teorema 1.5 acima, facilmente podemos mostrar os seguintes resultados:

Teorema 1.6 Sejam $(x_n)_n$ e $(y_n)_n$ duas sequências convergentes, isto é, $\lim_{n\to\infty} x_n = a$ e $\lim_{n\to\infty} y_n = b$, então:

1. $\lim_{n\to\infty} (x_n \pm y_n) = \lim_{n\to\infty} x_n \pm \lim_{n\to\infty} y_n = a \pm b$

2. $\lim_{n\to\infty} cx_n = c \lim_{n\to\infty} x_n = ca,$ c-constante;

3. $\lim_{n\to\infty} x_n y_n = \lim_{n\to\infty} x_n \lim_{n\to\infty} y_n = ab$

4. $\lim_{n\to\infty} \frac{x_n}{y_n} = \frac{\lim_{n\to\infty} x_n}{\lim_{n\to\infty} y_n} = \frac{a}{b},$ quando $y_n \neq 0, b \neq 0.$

Prova: Podemos escrever $x_n = a + \alpha_n, y_n = b + \beta_n$, onde $(\alpha_n)_n$ e $(\beta_n)_n$ são sequências infinitesimais. Então

1. $\lim_{n\to\infty} (x_n \pm y_n) = a \pm b + \lim_{n\to\infty} \alpha_n \pm \lim_{n\to\infty} \beta_n = a \pm b$

2. $\lim_{n\to\infty} cx_n = ca + \lim_{n\to\infty} c\alpha_n = ca;$

3. $\lim_{n\to\infty} x_n y_n = ab + \lim_{n\to\infty} a\beta_n + \lim_{n\to\infty} b\alpha_n + \lim_{n\to\infty} \alpha_n \beta_n = ab$

4. $\frac{x_n}{y_n} - \frac{a}{b} = \frac{a+\alpha_n}{b+\beta_n} - \frac{a}{b} = \frac{ab+\alpha_n b-ab-a\beta_n}{b(b+\beta_n)} = \frac{\alpha_n}{b+\beta_n} - \frac{a\beta_n}{b(b+\beta_n)}.$

    Tomando o limite obtemos,

$$\lim_{n\to\infty} \left(\frac{x_n}{y_n} - \frac{a}{b}\right) = \lim_{n\to\infty} \left(\frac{\alpha_n}{b+\beta_n} - \frac{a\beta_n}{b(b+\beta_n)}\right) = 0. \qquad \blacksquare$$

No caso, $b = 0$ e $a \neq 0$ temos que $\frac{x_n}{y_n} \to \pm\infty$.

No caso, $a = 0$ e $b = 0$, pode acontecer que exista ou não o limite: $\lim_{n\to\infty} \frac{x_n}{y_n}$. Por exemplo;

$$x_n = \frac{1}{n}, \quad y_n = \frac{1}{n^3}: \; \lim_{n\to\infty} \frac{x_n}{y_n} = +\infty$$
$$x_n = \frac{1}{n}, \quad y_n = \frac{1}{\sqrt{n}}: \; \lim_{n\to\infty} \frac{x_n}{y_n} = 0$$
$$x_n = \frac{1}{n}, \quad y_n = \frac{1}{2n}: \; \lim_{n\to\infty} \frac{x_n}{y_n} = 2.$$

Observação 1.2 Já mostramos que a sequência $(q^n)_{n\in\mathbb{N}}$, quando $|q| < 1$, tende para zero, ou seja $\lim_{n\to\infty} q^n = 0$.

Por outro lado, se $q > 1$, ou seja, $1/q < 1$, então,

$$\lim_{n\to\infty} q^n = \lim_{n\to\infty} \frac{1}{1/q^n} = \lim_{n\to\infty} \frac{1}{(1/q)^n} = +\infty.$$

Exemplo 1.26

$$\lim_{n\to\infty} \frac{n^2 + 7}{3n^2 + n - 2} = \lim_{n\to\infty} \frac{1 + 7/n^2}{3 + 1/n - 2/n^2} = \frac{1}{3};$$
$$\lim_{n\to\infty} \frac{n^3 - 2n}{2n^4 + n^2 + 3} = \lim_{n\to\infty} \frac{1 - 2/n^2}{2n + 1/n + 3/n^3} = 0.$$

Observação 1.3 Se $(l_n)_n$ é uma sequência que converge para l, e os termos da sequência e o número l pertencem ao domínio de uma função elementar f, onde $f(x)$ é uma das seguintes funções:

$$a^x, x^\alpha, \quad \log_r x, \text{sen}\, x, \cos x, \quad \tan x, \quad \arccos x, \quad etc.$$

então

$$\lim_{n\to\infty} f(l_n) = f(l), \quad \textit{isto é,}$$

$$\lim_{n\to\infty} a^{l_n} = a^l, \lim_{n\to\infty} (l_n)^\alpha = l^\alpha, \lim_{n\to\infty} \log_a l_n = \log_a l, \lim_{n\to\infty} \cos l_n = \cos l, etc.$$

Esta propriedade é válida para todas as funções contínuas.

Teorema 1.7 Sejam $(a_n)_n$ e $(b_n)_n$ duas sequências convergentes, isto é, $\lim_{n\to\infty} a_n = a$ e $\lim_{n\to\infty} b_n = b$, com $b_n > 0$ e $b > 0$, então:

$$\lim_{n\to\infty} b_n^{a_n} = b^a.$$

Prova: Escrevendo $b_n^{a_n}$ na forma:

$$b_n^{a_n} = e^{\ln b_n^{a_n}} = e^{a_n \ln b_n},$$

temos

$$\lim_{n\to\infty} b_n^{a_n} = \lim_{n\to\infty} e^{a_n \ln b_n} = e^{\lim_{n\to\infty} a_n \ln b_n} =$$
$$= e^{\lim_{n\to\infty} a_n \cdot \lim_{n\to\infty} \ln b_n} = e^{\lim_{n\to\infty} a_n \cdot \ln \lim_{n\to\infty} b_n} =$$
$$= e^{a \ln b} = e^{\ln b^a} = b^a. \qquad \blacksquare$$

Teorema 1.8 (Teorema do Sanduíche) Se

$$\lim_{n\to\infty} a_n = \lim_{n\to\infty} b_n = A$$

e as desigualdades $a_n \leq c_n \leq b_n$ valem a partir de um certo $n \in \mathbb{N}$, então existe o limite da sequência $(c_n)_{n\in\mathbb{N}}$ e $\lim_{n\to\infty} c_n = A$.

Prova: Seja $\varepsilon > 0$ arbitrário, então:

$$\lim_{n\to\infty} a_n = A \Rightarrow \forall \varepsilon > 0, \exists n_1, \forall n > n_1 : A - \varepsilon < a_n < A + \varepsilon$$
$$\lim_{n\to\infty} b_n = A \Rightarrow \forall \varepsilon > 0, \exists n_2, \forall n > n_2 : A - \varepsilon < b_n < A + \varepsilon$$

Podemos escolher $n_o = \max(n_1, n_2)$, tal que $\forall n > n_o$, temos

$$A - \varepsilon < a_n \leq c_n \leq b_n < A + \varepsilon.$$

Segue que

$$A - \varepsilon < c_n < A + \varepsilon,$$

e isto significa que

$$\lim_{n\to\infty} c_n = A. \qquad \blacksquare$$

Exemplo 1.27 Mostre que

$$\lim_{n\to\infty} \sqrt[n]{6} = 1.$$

Para qualquer $n \geq 2, n \in \mathbb{N}$, vale a desigualdade $\sqrt[n]{6} > 1$. Isto significa que podemos escrever, $\sqrt[n]{6} = 1 + c_n$, donde $6 = (1 + c_n)^n \geq 1 + n c_n > n c_n$, pela desigualdade de Bernoulli. Assim, $0 < c_n < 6/n$ para todo $n \geq 2$, e pelo Teorema 1.8

$$\lim_{n\to\infty} c_n = 0.$$

Como $\sqrt[n]{6} = 1 + c_n$ e $(c_n)_{n\in\mathbb{N}}$ é uma sequência infinitesimal, então

$$\lim_{n\to\infty} \sqrt[n]{6} = 1.$$

Exemplo 1.28 Mostre que

$$\lim_{n\to\infty} \sqrt[n]{n} = 1.$$

Primeiramente, vamos mostrar que $\lim_{n\to\infty} \frac{\log_a n}{n} = 0, (a > 1)$.

De fato, consideremos $l > 1$: $l = 1 + \alpha$, com $\alpha > 0$. Assim,

$$\frac{n}{l^n} = \frac{n}{(1+\alpha)^n} = \frac{n}{1 + \alpha n + \frac{n(n-1)\alpha^2}{2!} + \cdots + \alpha^n} < \frac{n}{\frac{n(n-1)\alpha^2}{2!}} = \frac{2n}{n(n-1)\alpha^2},$$

donde segue que $\lim_{n\to\infty} \frac{n}{l^n} = 0$.

Para n suficientemente grande,

$$\frac{1}{l^n} < \frac{n}{l^n} < 1.$$

Agora suponhamos $l = a^\varepsilon, (\varepsilon > 0)$, e logaritmando a última desigualdade, obtemos

$$\frac{1}{a^{\varepsilon n}} < \frac{n}{a^{\varepsilon n}} < 1, \quad \log_a n < \log_a a^{\varepsilon n} = \varepsilon n, \quad \frac{\log_a n}{n} < \varepsilon.$$

Agora calculemos o limite desejado.

$$\lim_{n\to\infty} \sqrt[n]{n} = \lim_{n\to\infty} a^{\log_a \sqrt[n]{n}} =$$
$$= \lim_{n\to\infty} a^{\frac{\log_a n}{n}} =$$
$$= a^{\lim_{n\to\infty} \frac{\log_a n}{n}} = a^0 =$$
$$= 1.$$

Exemplo 1.29 Mostre que a sequência $(\sqrt{n^2 + 5} - n)_{n\in\mathbb{N}}$ converge, e encontre este limite.

Como as sequências $(\sqrt{n^2 + 5})_{n\in\mathbb{N}}$ e $(n)_{n\in\mathbb{N}}$ não são sequências convergentes, não podemos aplicar o limite à expressão $\sqrt{n^2 + 5} - n$. Mas, podemos escrever $\sqrt{n^2 + 5} - n$ na seguinte forma:

$$\sqrt{n^2 + 5} - n = \frac{\sqrt{(n^2 + 5} - n)(\sqrt{n^2 + 5} + n)}{\sqrt{n^2 + 5} + n} = \frac{n^2 + 5 - n^2}{\sqrt{n^2 + 5} + n} = \frac{5}{\sqrt{n^2 + 5} + n}.$$

Como

$$0 < \frac{5}{\sqrt{n^2+5}+n} = \frac{5}{n\left(\sqrt{1+5/n^2}+1\right)} < \frac{5}{2n}$$

pois $\sqrt{1+5/n^2}+1 > 2$ e, portanto, $\frac{1}{\sqrt{1+5/n^2}+1} < \frac{1}{2}$. Levando em conta que, $\lim_{n\to\infty}\frac{5}{2n} = 0$, temos pelo Teorema 1.8,

$$\lim_{n\to\infty}(\sqrt{n^2+5}-n) = 0.$$

Exemplo 1.30 Mostre que

$$\lim_{n\to\infty}\frac{10^n}{n!} = 0.$$

Para $n > 10$, temos

$$0 \quad < \frac{10^n}{n!} = \left(\frac{10}{1}\frac{10}{2}\frac{10}{3}\frac{10}{4}\cdots\frac{10}{11}\right)\frac{10}{12}\cdots\frac{10}{n} <$$
$$< \frac{10^{11}}{11!}\left(\frac{10}{12}\right)^{n-11} =$$
$$= \frac{10^{11}}{11!}\left(\frac{12}{10}\right)^{11}\left(\frac{10}{12}\right)^{n}.$$

Como $\frac{10}{12} < 1$, temos $\lim_{n\to\infty}\left(\frac{10}{12}\right)^n = 0$, segue que

$$\lim_{n\to\infty}\frac{10^n}{n!} = 0.$$

1.8 Existência do Limite de uma Sequência Monótona Limitada

É fácil mostrar que se uma sequência é convergente então ela é limitada, mas, o fato dela ser limitada não implica que ela seja convergente. Por exemplo, a sequência $((-1)^n)_{n\in\mathbb{N}}$ é limitada mas não é convergente como já foi visto acima.

Se uma sequência, além de ser limitada é monótona, então ela é convergente, conforme mostra o seguinte teorema.

Teorema 1.9 Toda sequência monótona e limitada possui limite.

Prova: Seja $(x_n)_n$ a sequência limitada e monótona. Suponhamos por conveniência que a sequência $(x_n)_n$ seja crescente. Como ela é limitada, isto é, $|x_n| \le c, \forall n \in \mathbb{N}$, segue que ela possui supremo ξ, com $\xi \le c$. Mostremos que $\xi = \lim_{n\to\infty} x_n$.

De fato, primeiramente, notamos que nenhum termo da sequência, é maior que ξ, e em segundo lugar, $\forall \varepsilon > 0, \exists n_o$, tal que

$$\xi - \varepsilon < x_{n_o}.$$

Como a sequência $(x_n)_n$ é crescente, segue que $\forall n > n_o \, x_{n_o} < x_n$ e
$$\xi - \varepsilon < x_n \le \xi < \xi + \varepsilon,$$

isto é $|x_n - \xi| < \varepsilon,$

ou seja

$$\lim_{n\to\infty} x_n = \xi. \qquad \blacksquare$$

1.8.1 O número e

Como uma aplicação do Teorema 1.9, vejamos a existência de uma constante matemática importante, o número irracional e.

Exemplo 1.31 Mostre que a sequência $(a_n)_{n\in\mathbb{N}}$, cujo termo geral é $a_n = \left(1 + \frac{1}{n}\right)^n$, $n \in \mathbb{N}$ converge.

Primeiro, mostremos que a sequência (a_n) é crescente. De fato, consideremos os seguintes $(n+1)$ números, sendo n números iguais a $(1 + 1/n)$ e o $(n+1)$-ésimo número igual a 1:

$$(1 + \frac{1}{n}), (1 + \frac{1}{n}), ..., (1 + \frac{1}{n}), 1,$$

e levando em consideração que a média aritmética é maior que a média geométrica, temos

$$\frac{\left(1 + \frac{1}{n}\right).n + 1}{n+1} > \sqrt[n+1]{\left(1 + \frac{1}{n}\right)^n . 1,}$$

ou

$$\frac{n+2}{n+1} > \sqrt[n+1]{\left(1 + \frac{1}{n}\right)^n},$$

ou

$$\left(1 + \frac{1}{n+1}\right) > \sqrt[n+1]{\left(1 + \frac{1}{n}\right)^n}.$$

Elevando ambos membros da desigualdade a potência $(n+1)$, obtemos

$$\left(1 + \frac{1}{n+1}\right)^{n+1} > \left(1 + \frac{1}{n}\right)^n.$$

Desta forma, $a_{n+1} > a_n$, para $n \geq 1$, e portanto, a sequência $(a_n)_n$ é crescente.

Para mostrar que a sequência é limitada usemos o binômio de Newton[4]:

---

[4] Issac Newton (1642-1727), grande matemático e físico inglês.

$$\left(1+\frac{1}{n}\right)^n \qquad = \sum_{k=0}^{n} C_k^n 1^{n-k}\left(\frac{1}{n}\right)^k =$$

$$= 1 + \frac{n}{1}\cdot\frac{1}{n} + \frac{n(n-1)}{2!}\frac{1}{n^2} +$$

$$+ \frac{n(n-1)(n-2)}{3!}\frac{1}{n^3} + \cdots + \frac{n(n-1)(n-2)\ldots(n-k+1)}{k!}\frac{1}{n^k} + \cdots +$$

$$+ \frac{n(n-1)(n-2)\ldots[n-(n-1)]}{n!}\frac{1}{n^n} = \qquad (2)$$

$$= 1 + 1 + \frac{1}{2!}\left(1-\frac{1}{n}\right) + \frac{1}{3!}\left(1-\frac{1}{n}\right)\left(1-\frac{2}{n}\right) + \cdots$$

$$+ \frac{1}{k!}\left(1-\frac{1}{n}\right)\left(1-\frac{2}{n}\right)\ldots\left(1-\frac{k-1}{n}\right) + \cdots$$

$$\ldots + \frac{1}{n!}\left(1-\frac{1}{n}\right)\left(1-\frac{2}{n}\right)\ldots\left(1-\frac{n-1}{n}\right).$$

Usando o fato que $\left(1-\frac{1}{n}\right) < 1$; $\left(1-\frac{1}{n}\right)\left(1-\frac{2}{n}\right) < 1$, etc., obtemos da expressão (2) a desigualdade

$$\left(1+\frac{1}{n}\right)^n < 1 + 1 + \frac{1}{2!} + \frac{1}{3!} + \cdots + \frac{1}{k!} + \cdots + \frac{1}{n!}. \qquad (3)$$

Por outro lado, temos:

$$\frac{1}{3!} < \frac{1}{2^2}; \frac{1}{4!} < \frac{1}{2^3}; \ldots; \frac{1}{n!} < \frac{1}{2^{n-1}}.$$

Portanto, podemos escrever a desigualdade (3) acima na forma

$$\left(1+\frac{1}{n}\right)^n < 1 + 1 + \frac{1}{2!} + \frac{1}{3!} + \cdots + \frac{1}{k!} + \cdots + \frac{1}{n!} < 1 + 1 + \frac{1}{2} + \frac{1}{2^2} + \cdots + \frac{1}{2^{n-1}}.$$

Observamos que na última desigualdade, os termos a partir do segundo, formam uma progressão geométrica de razão 1/2 sendo o primeiro termo igual a 1, logo

$$\left(1+\frac{1}{n}\right)^n < 1 + [1 + \frac{1}{2} + \frac{1}{2^2} + \cdots + \frac{1}{2^{n-1}}] =$$

$$= 1 + \frac{1-\left(\frac{1}{2}\right)^n}{1-\frac{1}{2}} =$$

$$= 1 + \left[2 - \left(\frac{1}{2}\right)^{n-1}\right] < 3,$$

isto é,

$$\left(1+\frac{1}{n}\right)^n < 3, \quad \forall n \in \mathbb{N}.$$

Como $\left(1+\frac{1}{1}\right)^1 = 2$, sendo a sequência crescente, temos

$$2 \leq \left(1+\frac{1}{n}\right)^n < 3, \qquad \forall n \in \mathbb{N},$$

e isto significa que a sequência $\left(\left(1+\frac{1}{n}\right)^n\right)_{n\in\mathbb{N}}$ é limitada.

Assim mostramos que a sequência $\left(\left(1 + \frac{1}{n}\right)^n\right)_{n \in \mathbb{N}}$ é crescente e limitada, logo, pelo Teorema 1.9, pode-se concluir que a sequência converge.

Definição 1.10 Denotamos o limite

$$\lim_{n \to \infty} \left(1 + \frac{1}{n}\right)^n$$

pela letra e em homenagem a Euler[5]. e é um número irracional fundamental e seu valor é aproximadamente 2,718 281 828 459 045 235 360 287.

Exemplo 1.32 Encontre o seguinte limite

$$\lim_{n \to \infty} \left(1 + \frac{k}{n}\right)^n, \quad k \in \mathbb{R}.$$

Reescrevendo o limite, obtemos:

$$\lim_{n \to \infty} \left(1 + \frac{k}{n}\right)^n = \lim_{n \to \infty} \left[\left(1 + \frac{1}{\frac{n}{k}}\right)^{\frac{n}{k}}\right]^k =$$

$$\overset{\frac{n}{k} = m}{=} \lim_{m \to \infty} \left[\left(1 + \frac{1}{m}\right)^m\right]^k =$$

$$= \left[\lim_{m \to \infty} \left(1 + \frac{1}{m}\right)^m\right]^k =$$

$$= e^k.$$

Exemplo 1.33 Encontre o seguinte limite

$$\lim_{n \to \infty} \left(\frac{n+2}{n+1}\right)^{2n}.$$

Temos

$$\left(\frac{n+2}{n+1}\right)^{2n} = \left(1 + \frac{1}{n+1}\right)^{2n} = \left(\left(1 + \frac{1}{n+1}\right)^{n+1}\right)^{2n/(n+1)}.$$

Como

$$\lim_{n \to \infty} \left(1 + \frac{1}{n+1}\right)^{n+1} = \lim_{n \to \infty} \left(1 + \frac{1}{n}\right)^n = e,$$

e $\lim_{n \to \infty} \frac{2n}{n+1} = 2$, temos:

$$\lim_{n \to \infty} \left(\frac{n+2}{n+1}\right)^{2n} = \lim_{n \to \infty} \left(\left(1 + \frac{1}{n+1}\right)^{n+1}\right)^{\lim_{n \to \infty} 2n/(n+1)} = e^2.$$

Veja que, na igualdade anterior foi usado o Teorema 1.7.

Quando $n \to \infty$, $\alpha = 1/n \to 0$, então podemos obter uma outra forma para calcular o número e;

---

[5] Leonhard Euler (1707-1783), grande matemático suíço.

$$e = \lim_{n\to\infty} \left(1 + \frac{1}{n}\right)^{n} \overset{\frac{1}{n}=\alpha}{=} \lim_{\alpha\to 0}(1 + \alpha)^{\frac{1}{\alpha}}.$$

Exemplo 1.34 Encontre o seguinte limite

$$\lim_{\alpha\to 0}(1 + 2\alpha)^{\frac{1}{\alpha}}.$$

Escrevendo o limite na seguinte forma, temos

$$\lim_{\alpha\to 0}(1 + 2\alpha)^{\frac{1}{\alpha}} = \lim_{\alpha\to 0}(1 + 2\alpha)^{2\frac{1}{2\alpha}} = \left(\lim_{\alpha\to 0}(1 + 2\alpha)^{\frac{1}{2\alpha}}\right)^{2} = e^{2}.$$

1.8.2 Aplicação do Número e na Taxa de Juros

O número e desempenha um grande papel em todos os processos que envolvem crescimentos ou decaimentos contínuos. Vamos nos restringir somente ao cálculo de juros compostos, ''a oitava maravilha''.

Quando calculamos os juros compostos, a cada período é acrescido um valor de juros proporcional ao valor já acumulado, ou seja, a taxa de juros incide sobre o valor acumulado, que aumenta a cada período. Dessa forma, o valor dos juros acrescidos a cada período é sempre crescente. Assim, mostraremos que a expressão da forma $\left(1 + \frac{k}{n}\right)^{n}$ encontra-se na taxa de juros compostos.

Suponhamos que o incremento de um determinado capital acontece ao longo de um ano. Se o capital C é colocado a $t\%$ ao ano. Após um ano teríamos o montante:

$$C + Ck = C(1 + k), \qquad onde\ k = \frac{t}{100}.$$

No segundo ano teríamos

$$C(1 + k) + C(1 + k)k = C(1 + k)^{2}$$

no terceiro ano

$$C(1 + k)^{2} + C(1 + k)^{2}k = C(1 + k)^{3}$$

e em geral, após m anos teríamos

$$C(1 + k)^{m}.$$

Suponhamos agora que, o incremento do capital seja em $\frac{1}{n}$ do ano, e com isto o número $k = \frac{t}{100}$ diminui em n vezes, pois a taxa de juros era considerada em um ano, e o número do tempo aumentou em n vezes, portanto, o incremento do capital (montante) em m anos será:

$$C\left(1 + \frac{k}{n}\right)^{mn}.$$

Por fim, se o número n aumenta infinitamente, isto é, se o incremento do capital ocorre no menor tempo (continuamente), então após m anos o montante final será:

$$\lim_{n\to\infty} C\left(1+\frac{k}{n}\right)^{mn} = C\lim_{n\to\infty}\left[\left(1+\frac{k}{n}\right)^{n/k}\right]^{mk} =$$
$$= Ce^{km}.$$

1.9 Subsequências

Seja $(n_k)_n$ uma sequência crescente dos números naturais. Então a sequência $(a_{n_k})_{k\in\mathbb{N}}$ chama-se subsequência da sequência $(a_n)_n$. Na definição de subsequência, o índice k será o encarregado de enumerar todos os seus termos e não o n. Sendo assim, n_k tenderá ao infinito quando k tende ao infinito.

Proposição 1.1 Se a sequência $(a_n)_n$ possui limite a, então a subsequência $(a_{n_k})_{k\in\mathbb{N}}$ também converge para o número a.

Prova: Como $a_n \to a$ quando $n \to \infty$: $\forall \varepsilon > 0$, $\exists n_o$ tal que para $n > n_o$, cumpre-se

$$|a_n - a| < \varepsilon,$$

segue que, quando $n_k \to \infty$, existe k_o tal que, para todo $k > k_o$, teremos $n_k > n_o$. Então
$$|a_{n_k} - a| < \varepsilon.$$

Exemplo 1.35 As sequências $2,4,6,8,\dots$ e $1,3,5,7,\dots$ são duas subsequências da sequência dos números naturais $(n)_n$.

No Exemplo 1.20, já mostramos que o limite da sequência $((-1)^n)_n = (-1,1,-1,1,-1,1,\dots,)$ não existe. Agora mostramos esta afirmação em termos de subsequências. Sejam $((-1)^{2n-1})_n = (-1,-1,-1,-1,\dots,)$ e $((-1)^{2n})_n = (1,1,1,1,\dots,)$ duas subsequências da sequência $((-1)^n)_n$. Como estas duas subsequências são constantes, então $(-1)^{2n-1} \to -1$ e $(-1)^{2n-1} \to 1$ convergem a dois números diferentes. Assim

$$\lim_{n\to\infty}(-1)^n = \begin{cases} -1 & , \quad se\ n\ é\ ímpar \\ 1 & , \quad se\ n\ é\ par. \end{cases}$$

Observamos que a sequência $((-1)^n)_n$ tende para dois números diferentes: -1 e 1. Como o limite de uma sequência se existir é único, pelo Teorema de Unicidade 1.1, então segue que a sequência $((-1)^n)_n$ não possui limite.

A seguir, enunciaremos um resultado fundamental da teoria das sequências, atribuído aos grandes matemáticos Bolzano[6] e Weierstrass[7].

Teorema 1.10 (Teorema de Bolzano e Weierstrass) Toda sequência limitada possui uma subsequência convergente.

Prova: Seja $(x_n)_n$ uma sequência limitada, isto, é, existem $a, b \in \mathbb{R}$ tais que,

---

[6] Bernard Placidus Johann Nepomuk Bolzano (1781 - 1848), matemático Checo, teólogo e filósofo da antiga Boémia, que pesquisou também problemas ligados ao espaço, à força e à propagação de ondas.
[7] Karl Wilhelm Theodor Weierstrass (1815 - 1897), matemático alemão, professor na Universidade de Berlim.

$$a \leq x_n \leq b, \qquad \forall n \in \mathbb{N} \rightarrow (x_n)_n \subset [a, b].$$

Agora, vamos dividir o intervalo $[a, b]$ em dois intervalos iguais, e suponhamos que um deles, digamos $[a_1, b_1]$ contenha infinitos termos da sequência. A seguir, dividimos novamente o intervalo $[a_1, b_1]$ em dois intervalos iguais, e suponhamos que um deles, digamos $[a_2, b_2]$ contenha infinitos termos da sequência. Continuando com este processo, vamos obter uma sequência de intervalos encaixantes

$$[a, b] \supset [a_1, b_1] \supset [a_2, b_2] \supset \cdots$$

Segue daqui que $|b_n - a_n| = \frac{|b-a|}{2^n}$, ou seja $\lim_{n \to \infty} |b_n - a_n| = 0$.

Em virtude do Teorema dos Intervalos Encaixantes[8], $\cap_{n \in N} [a_n, b_n]$, ou seja, existe $c \in [a_n, b_n], \forall n \in \mathbb{N}$.

Para uma sequência crescente $(k_n)_n$ de números naturais, existe uma subsequência $(x_{k_n})_n \in [a_n, b_n]$, pois em cada intervalo $[a_n, b_n]$ temos uma sequência infinita.

Como

$$|x_{k_n} - c| \leq |b_n - a_n| \rightarrow 0,$$

segue que

$$\lim_{n \to \infty} x_{k_n} = c. \qquad \blacksquare$$

1.10 Critério de Cauchy para a Existência do Limite

Antes de enunciar o critério de Cauchy para convergência de sequências, lembremos a definição de convergência de uma sequência dada na seção 1.6: $(x_n)_n$ é uma sequência numérica convergente, se

$$\forall \varepsilon > 0 \ \exists n_o, \qquad tal \ que \ |x_n - a| < \varepsilon \ (n > n_o).$$

Definição 1.12 (Sequência de Cauchy) A sequência numérica $(x_n)_n$ é dita de Cauchy[9] ou fundamental se satisfaz a seguinte condição: para todo $\varepsilon > 0$, existe um n_o tal que

$$|x_n - x_m| < \varepsilon, \qquad para \ todos \ n, m > n_o.$$

Teorema 1.11 (Critério de Cauchy) Para que a sequência numérica $(x_n)_n$ seja convergente é necessário e suficiente que a sequência seja de Cauchy.

Prova: Primeiramente vamos mostrar a condição necessária do teorema. Suponhamos que a sequência $(x_n)_n$ seja convergente, isto é,

$$\lim_{n \to \infty} x_n = a : \forall \varepsilon > 0 \ \exists n_o, \qquad n > n_o, \qquad tal \ que \ |x_n - a| < \frac{\varepsilon}{2},$$

então,

---

[8] "Para cada $n \in \mathbb{N}$, seja I_n um intervalo limitado fechado de $\mathbb{R}$ e suponha que $I_n \supset I_{n+1}, \forall n \in \mathbb{N}$, então, $\cap_{n \in \mathbb{N}} I_n \neq \emptyset$."
[9] Augustin-Louis Cauchy (1789 - 1857) matemático francês, que introduziu o rigor na Análise Matemática.

$$|x_n - x_m| = |x_n - a + a - x_m| \leq |x_n - a| + |x_m - a| < \frac{\varepsilon}{2} + \frac{\varepsilon}{2} = \varepsilon, \quad \forall n, m > n_o.$$

Agora, suponhamos que a sequência $(x_n)_n$ é de Cauchy, precisamos provar que ela é convergente. Para atingir nosso objetivo, vamos mostrar, primeiramente, que uma sequência de Cauchy é limitada. De fato, consideremos $\varepsilon = 1$. Por definição, existe $n_o \in \mathbb{N}$ tal que,

$$|x_n - x_m| < 1, (n, m > n_o).$$

Fixando algum $m > n_o$, obtemos da última desigualdade

$$|x_n| < 1 + |x_m|, \quad (n > m),$$

donde concluimos que $|x_n|$ é limitado.

Em segundo lugar, segue do Teorema de Bolzano-Weierstrass 1.10, que a sequência $(x_n)_n$ possui uma subsequência convergente $(x_{n_k})_k$. Seja $a = \lim_{k \to \infty} x_{n_k}$.

Por último, vamos provar que a sequência $(x_n)_n$ converge para a. Seja $\varepsilon > 0$, então por definição

$$existem, \ n_\varepsilon, k_\varepsilon : \left|x_n - x_{n_k}\right| < \frac{\varepsilon}{2}, \ \forall n > n_\varepsilon, \ k > k_\varepsilon.$$

Passando ao limite quando $k \to \infty$, obtemos

$$|x_n - a| < \frac{\varepsilon}{2} < \varepsilon, \forall n > n_\varepsilon.$$

Como ε foi arbitrário, segue que $\lim_{n \to \infty} x_n = a$. ∎

Para maiores detalhes, sugerimos ver o livro de Nikolsky [11].

Exemplo 1.36 Mostremos que a equação de Kepler

$$x = a \operatorname{sen} x + b,$$

que descreve a posição de um planeta na sua órbita, onde $0 < a, b < 1$ e x a variável desconhecida, possui uma única solução.

Tomemos um x_o arbitrário para construirmos a seguinte sequência numérica:

$$x_1 = a \operatorname{sen} x_0 + b, \quad x_2 = a \operatorname{sen} x_1 + b, \dots$$
$$\vdots = \vdots, \quad \vdots = \vdots$$
$$x_n = a \operatorname{sen} x_{n-1} + b, \quad x_{n+1} = a \operatorname{sen} x_n + b, \dots$$

Subtraindo a primeira igualdade da segunda, obtemos

$$x_2 - x_1 = a(\operatorname{sen} x_1 - \operatorname{sen} x_0) = 2a \operatorname{sen}\left(\frac{x_1 - x_o}{2}\right) \cos\left(\frac{x_1 + x_o}{2}\right).$$

Usando o fato que as funções seno e cosseno são funções limitadas: $|\operatorname{sen} \beta| \leq 1, |\cos \beta| \leq 1$, e também

$|\operatorname{sen}\beta| \leq |\beta|$ temos

$$|x_2 - x_1| \leq 2a\frac{|x_1-x_0|}{2} = a|x_1 - x_0|. \qquad (4)$$

De forma análoga, podemos obter a seguinte desigualdade:

$$|x_3 - x_2| \leq a|x_2 - x_1|,$$

ou usando a desigualdade (4), podemos escrever:

$$|x_3 - x_2| \leq a^2|x_1 - x_0|.$$

Continuando com este processo, n vezes, obtemos a desigualdade

$$|x_{n+1} - x_n| \leq a^n|x_1 - x_0|. \qquad (5)$$

Agora, consideremos dois números n e m com $m > n$, e analisemos a diferença $x_m - x_n$:

$$x_m - x_n = x_m - x_{m-1} + x_{m-1} - x_{m-2} + x_{m-2} - x_{m-3} + \cdots + x_{n+1} - x_n.$$

Usando a desigualde triangular generalizada e a desigualdade (5), obtemos:

$$
\begin{aligned}
|x_m - x_n| &\leq |x_m - x_{m-1}| + |x_{m-1} - x_{m-2}| + |x_{m-2} - x_{m-3}| + \cdots + |x_{n+1} - x_n| \leq \\
&\leq a^{m-1}|x_1 - x_0| + a^{m-2}|x_1 - x_0| + \cdots a^n|x_1 - x_0| \leq \\
&\leq (a^{m-1} + a^{m-2} + a^{m-3} + \cdots + a^n)|x_1 - x_0| = \\
&= a^n \frac{1 - a^{m-n}}{1 - a}|x_1 - x_0|.
\end{aligned}
$$

Como $\lim\limits_{n\to\infty} a^n = 0$ e $0 < a^{m-n} < 1$ quando $m > n$ e $|x_1 - x_0|$ constante, temos

$$\lim_{n\to\infty} |x_m - x_n| = 0, \qquad e\ portanto\ \lim_{n\to\infty}(x_m - x_n) = 0.$$

E isto significa que existe

$$\lim_{n\to\infty} x_n = \sigma.$$

Usando a continuidade da função seno , podemos escrever

$$\sigma = a\sin\sigma + b, \qquad (6)$$

isto é, o limite σ da sequência $(x_n)_n$ é raiz da equação de Kepler.

Agora mostremos a unicidade. Suponhamos que a equação de Kepler possui uma outra solução diferente de σ, digamos σ_1, isto é,

$$\sigma_1 = a\sin\sigma_1 + b.$$

Subtraindo desta equação, a equação (6), obtemos

$$\sigma_1 - \sigma = a(\sin \sigma_1 - \sin \sigma) = 2a \frac{\sigma_1 - \sigma}{2} \cos \frac{\sigma_1 + \sigma}{2},$$

donde,

$$|\sigma_1 - \sigma| \leq a|\sigma_1 - \sigma|.$$

Como $0 < a < 1$, esta desigualdade somente é possível, se $\sigma_1 = \sigma$, e portanto, a equação de Kepler possuir uma única solução.

1.11 Exercícios do Capítulo 1

1. Mostre que as sequências abaixo são crescentes:

   (a) $a_n = n^2 + 1$;

   (b) $a_n = n^3 - n^2$;

   (c) $a_n = \frac{2^n}{2n+1}$.

2. Mostre que as sequências abaixo são limitadas superiormente:

   (a) $a_n = 1000 - \sqrt{n}$;

   (b) $a_n = 7 - 2n - n^2$;

   (c) $a_n = \frac{n^2+2}{n^2+1}$.

3. Mostre que as sequências abaixo são limitadas inferiormente:

   (a) $a_n = n^2 - n - 11$;

   (b) $a_n = \frac{1}{n} + \sqrt{n}$;

   (c) $a_n = \frac{(-1)^n}{n} + \frac{n+2}{n^2}$.

4. Mostre que as sequências abaixo são limitadas:

   (a) $a_n = \sqrt{n+1} - \sqrt{n}$;

   (b) $a_n = \frac{1}{n^2} - \cos\frac{1}{n+1}$;

   (c) $a_n = \frac{2n+3}{n^2+2n+3}$.

5. Use a definição para mostrar que as sequências abaixo possuem limites, se:

   (a) $a_n = \frac{3n+2}{n}$;

   (b) $a_n = (-1)^n \frac{1}{1+n^2}$;

   (c) $a_n = \frac{n+\cos n}{\sqrt{n}}$;

   (d) $a_n = \left(\frac{1}{5}\right)^n$.

6. Sejam $x_1 = 0,3$, $x_2 = 0,33$, $x_3 = 0,333$, ..., $x_n = 0,\overset{n}{\overline{33\ldots 33}}$, ... os termos da sequência $(x_n)_n$. Mostre que esta sequência converge para $\frac{1}{3}$.

7. Calcule o limite das sequências:

(a) $\lim\limits_{n\to\infty} \dfrac{3n+1}{n-5}$;

(b) $\lim\limits_{n\to\infty} \dfrac{-4n^2+5n-6}{n^2-6}$;

(c) $\lim\limits_{n\to\infty} \dfrac{2(n+3)}{n+2}$;

(d) $\lim\limits_{n\to\infty} \dfrac{\sqrt{n^3}+4n+2}{9n\sqrt{n}+5}$;

(e) $\lim\limits_{n\to\infty} \left(\sqrt[3]{n} - \sqrt[3]{n+1}\right)$;

(f) $\lim\limits_{n\to\infty} \dfrac{1+2+3+\cdots+n}{n^2-4}$;

(g) $\lim\limits_{n\to\infty} \left(n - \sqrt{n^2+3}\right)$;

(h) $\lim\limits_{n\to\infty} \dfrac{(n+2)!+(n+1)!}{(n+3)!}$;

(i) $\lim\limits_{n\to\infty} \dfrac{1^2+2^2+3^2+\cdots+n^2}{n^3+1}$;

(j) $\lim\limits_{n\to\infty} \left(\sqrt{n+\sqrt{n+\sqrt{n}}} - \sqrt{n}\right)$;

(k) $\lim\limits_{n\to\infty} \dfrac{\sqrt[n]{n}+\sqrt[n]{n+1}+\sqrt[n]{n+2}}{\sqrt[n]{n}+2}$.

8. Encontre

(a) $\lim\limits_{n\to\infty} \left(1+\dfrac{1}{2n}\right)^{3n+1}$;

(b) $\lim\limits_{n\to\infty} \left(\dfrac{3+n}{1+n}\right)^{1-n}$;

(c) $\lim\limits_{n\to\infty} \left(\dfrac{n^2+3}{n^2+1}\right)^{n^2}$;

(d) $\lim\limits_{n\to\infty} n(\ln(n+1) - \ln n)$;

(e) $\lim\limits_{n\to\infty} \left(\dfrac{n+3}{n+1}\right)^{3n}$;

(f) $\lim\limits_{n\to\infty} \sqrt[3\alpha]{1+3\alpha}$.

9. Mostre que:

(a) $\lim\limits_{n\to\infty} \sqrt[n]{8} = 1$;

(b) $\lim\limits_{n\to\infty} \dfrac{2^n}{3^n} = 0$;

(c) $\lim\limits_{n\to\infty} \dfrac{5^n}{n!} = 0$;

(d) $\lim\limits_{n\to\infty} \dfrac{\log_3 n}{n} = 0$.

10. Mostre que:

(a) $\lim\limits_{n\to\infty} \sqrt[3]{n} = +\infty$;

(b) $\lim\limits_{n\to\infty} 2^n = +\infty$;

(c) $\lim\limits_{n\to\infty} \log_2 n = +\infty$;

(d) $\lim\limits_{n\to\infty} \left(\sqrt{n} - \sqrt{n^2 + 1}\right) = -\infty$.

Capítulo 2

Séries Numéricas

O conceito de série apareceu como uma tentativa de estender a operação de adição com finitos termos para uma adição de infinitos termos. A grande dificuldade em generalizar esta soma infinita pode trazer alguns inconvenientes, por exemplo: será que esta soma é um número finito? É possível mudar a ordem dos termos da série, de tal forma que sua soma permaneça inalterável? Passemos então a definir os conceitos básicos sobre séries.

2.1 Definições Básicas

Consideremos a seguinte sequência numérica,

$$u_1, \; u_2, u_3, ..., u_n, ... \tag{7}$$

A partir dela podemos definir outra sequência,

$$S_1, S_2, S_3, ..., S_n, ...$$

em que,

$$S_1 = u_1,$$

$$S_2 = \sum_{k=1}^{2} u_k = u_1 + u_2,$$

$$S_3 = \sum_{k=1}^{3} u_k = u_1 + u_2 + u_3,$$

$$... = ...$$

$$S_n = \sum_{k=1}^{n} u_k = u_1 + u_2 + u_3 + \cdots + u_n.$$

Definição 2.1 Chamamos de série numérica (infinita) a seguinte soma com infinitos termos

$$\sum_{n=1}^{\infty} u_n = u_1 + u_2 + u_3 + \cdots + u_n + \cdots \tag{8}$$

Queremos saber quando a série (8) possui soma finita. Uma resposta a esta questão será respondida pela seguinte definição.

Definição 2.2 Se existe o limite da soma parcial S_n, isto é,

$$S = \lim_{n \to \infty} S_n,$$

então dizemos que a série numérica (8) converge, e possui soma igual a

$$S = \sum_{n=1}^{\infty} u_n = u_1 + u_2 + u_3 + \cdots + u_n + \cdots.$$

Se $\lim_{n \to \infty} S_n$ não existe ou tende para infinito, então dizemos que a série (8) é divergente.

2.1.1 Resto da Série Numérica

A série

$$\sum_{k=n+1}^{\infty} u_k = u_{n+1} + u_{n+2} + u_{n+3} + \cdots \qquad (9)$$

chama-se enésimo resto da série (8) e denota-se por r_n. Se a série (8) converge, então seu resto $r_n \to 0$ quando $n \to \infty$. A série (8) converge ou diverge juntamente com o seu resto e, por isto, frequentemente, quando queremos analisar a convergência da série, analisamos seu resto.

Exemplo2.1 Analise a convergência da seguinte série

$$\sum_{n=1}^{\infty} \frac{1}{n(n+1)}$$

Escrevamos a n-ésima soma parcial S_n na seguinte forma:

$$\begin{aligned}
S_n &= \frac{1}{1 \times 2} + \frac{1}{2 \times 3} + \frac{1}{3 \times 4} + \cdots + \frac{1}{n \times (n+1)} = \\
&= \left(1 - \frac{1}{2}\right) + \left(\frac{1}{2} - \frac{1}{3}\right) + \left(\frac{1}{3} - \frac{1}{4}\right) + \cdots + \left(\frac{1}{n} - \frac{1}{n+1}\right) = \\
&= 1 - \frac{1}{n+1}.
\end{aligned}$$

Como $\lim_{n \to \infty} S_n = \lim_{n \to \infty} \left(1 - \frac{1}{n+1}\right) = 1$, então podemos concluir que

$$\sum_{n=1}^{\infty} \frac{1}{n(n+1)} = 1.$$

Exemplo2.2 Analise a convergência da seguinte série

$$\sum_{n=1}^{\infty} n.$$

Escrevendo a n-ésima soma parcial como sendo, $S_n = 1 + 2 + 3 + \cdots + n = \frac{n(n+1)}{2}$, vemos que

$$\lim_{n \to \infty} S_n = \lim_{n \to \infty} \frac{n(n+1)}{2} = +\infty.$$

Segue então que a série $\sum_{n=1}^{\infty} n$ diverge.

2.1.2 Série Geométrica

Chama-se série geométrica a série numérica obtida como a soma infinita dos termos de uma progressão geométrica, ou seja,

$$\sum_{n=1}^{\infty} aq^{n-1} = a + aq + aq^2 + \cdots + aq^{n-1} + \cdots (a \neq 0).$$ (10)

Queremos saber para que valores da razão q, a série (10) converge. Para isto, vamos analisar quatro possíveis casos para os valores da razão q da série geométrica.

1. $|q| < 1$.

A soma parcial S_n é igual a;

$$S_n = a + aq + aq^2 + \cdots + aq^{n-1} = \frac{a - aq^n}{1-q} = \frac{a}{1-q} - \frac{a}{1-q}q^n.$$

Já foi provado que se $|q| < 1$, então $\lim_{n\to\infty} |q^n| = 0$, por isso,

$$\lim_{n\to\infty} S_n = \lim_{n\to\infty} \left(\frac{a}{1-q} - \frac{a}{1-q}q^n \right) = \frac{a}{1-q},$$

e a série (10) converge para o número $\frac{a}{1-q}$.

2. $|q| > 1$.

A soma parcial S_n como já foi visto acima é igual a;

$$S_n = a + aq + aq^2 + \cdots + aq^{n-1} = \frac{a}{1-q} - \frac{a}{1-q}q^n.$$

Se $|q| > 1$, então $\lim_{n\to\infty} |q^n| = +\infty$, por isso,

$$\lim_{n\to\infty} S_n = \lim_{n\to\infty} \left(\frac{a}{1-q} - \frac{a}{1-q}q^n \right) = \pm\infty,$$

e a série (10) diverge.

3. $q = 1$.

A soma parcial S_n é igual a;

$$S_n = a + a + a + \cdots + a = na,$$

e, portanto,

$$\lim_{n\to\infty} S_n = \lim_{n\to\infty} na = \pm\infty (o\ sinal\ depende\ do\ sinal\ de\ a).$$

E isto significa que a série (10) diverge.

4. $q = -1$.

A soma parcial S_n é igual a;

$$S_n = a - a + a - \cdots + (-1)^{n-1}a,$$

e, portanto,

$$\lim_{n \to \infty} S_n = \begin{cases} 0 & \text{se } n \text{ é par} \\ a & \text{se } n \text{ é ímpar}. \end{cases}$$

Isto significa que a série (10) diverge, pois não existe o limite $\lim_{n \to \infty} S_n$, ja que S_n tende a dois limites diferentes.

Exemplo2.3 Analise a convergência da seguinte série geométrica

$$\sum_{n=1}^{\infty} \frac{2}{3^n} = \frac{2}{3} + \frac{2}{3^2} + \frac{2}{3^3} + \cdots + \frac{2}{3^n} + \cdots.$$

Como a razão $q = 1/3$ é menor que 1, então a série converge e

$$\sum_{n=1}^{\infty} \frac{2}{3^n} = \frac{2/3}{1 - \frac{1}{3}} = 1.$$

2.1.3 Operações com Séries

As séries convergentes possuem algumas propriedades que nos permitem operar com elas como se fossem somas finitas. Vamos enunciar algumas propriedades e provar algumas delas.

1. *Se a série*

$$u_1 + u_2 + u_3 + \cdots + u_n + \cdots \tag{11}$$

possui soma S, então a série

$$au_1 + au_2 + au_3 + \cdots + au_n + \cdots \tag{12}$$

converge para aS, onde a é uma constante.

De fato, seja S_n a soma parcial da série (11) e σ_n a soma parcial da série (12), portanto;

$$\sigma_n = au_1 + au_2 + au_3 + \cdots + au_n = aS_n,$$

e por isso,

$$\lim_{n \to \infty} \sigma_n = \lim_{n \to \infty} aS_n = a \lim_{n \to \infty} S_n = aS. \ \blacksquare$$

2. *Séries convergentes podem ser adicionadas ou subtraídas, isto é, se*

$$u_1 + u_2 + u_3 + \cdots + u_n + \cdots = S$$
$$v_1 + v_2 + v_3 + \cdots + v_n + \cdots = \sigma,$$

Então, a série

$$\sum_{n=1}^{\infty} (u_n \pm v_n) = (u_1 \pm v_1) + (u_2 \pm v_2) + (u_3 \pm v_3) + \cdots + (u_n \pm v_n) + \cdots$$

também converge, e a soma é igual a $(S \pm \sigma)$.

3. *A propriedade da série ser convergente ou divergente não é alterado se adicionamos ou desconsideramos um número finito de termos à série.*

4. *O termo geral u_n de qualquer série convergente tende para zero, isto é,*

$$\lim_{n \to \infty} u_n = 0. \tag{13}$$

De fato,

$$u_n = S_n - S_{n-1},$$

e como a série converge, temos

$$\lim_{n \to \infty} S_n = \lim_{n \to \infty} S_{n-1} = S,$$

donde,

$$\lim_{n \to \infty} u_n = \lim_{n \to \infty} S_n - \lim_{n \to \infty} S_{n-1} = S - S = 0. \quad \blacksquare$$

A condição (13) é necessária para a convergência da série, mas não é suficiente; pois pode acontecer que o termo geral tenda para zero, mas a série divergir.

Exemplo2.4 A série Harmônica

$$\sum_{n=1}^{\infty} \frac{1}{n} = 1 + \frac{1}{2} + \frac{1}{3} + \cdots + \frac{1}{n} + \cdots,$$

é divergente.

De fato, observamos que

$$u_n = \frac{1}{n} \to 0, \quad quando \ n \to \infty.$$

Agora provemos que suas somas parciais tendem ao infinito. Para mostrar isto, agrupemos os termos da série Harmônica em grupos de 1,2,4,8, ... termos:

$$1 + \left(\frac{1}{2}\right) + \left(\frac{1}{3} + \frac{1}{4}\right) + \left(\frac{1}{5} + \cdots + \frac{1}{8}\right) + \left(\frac{1}{9} + \cdots + \frac{1}{16}\right) + \cdots,$$

desta forma no $k - $ ésimo grupo temos 2^{k-1} termos. Se em cada grupo, trocamos todos os termos pelo último termo (menor elemento do grupo), obtemos a série

$$1 + \left(\frac{1}{2}\right) + \left(\frac{1}{4} + \frac{1}{4}\right) + \left(\frac{1}{8} + \cdots + \frac{1}{8}\right) + \left(\frac{1}{16} + \cdots + \frac{1}{16}\right) + \cdots,$$

donde

$$1 + \frac{1}{2} + \frac{1}{4} \cdot 2 + \frac{1}{8} \cdot 4 + \frac{1}{16} \cdot 8 + \cdots = 1 + \frac{1}{2} + \frac{1}{2} + \cdots,$$

cuja soma parcial S_n é igual a

$$S_n = [1 + \frac{1}{2}(n-1)].$$

É claro que $\lim_{n \to \infty} S_n = +\infty$.

Como a soma parcial H_n da série Harmônica é maior que a soma parcial S_n, então podemos concluir que $H_n \to \infty$, quando $n \to \infty$, e isto significa que a série Harmônica diverge.

2.2 Critério de Cauchy

Agora vamos enunciar um critério para séries numéricas, análogo ao critério de Cauchy para convergência de sequências numéricas.

Teorema 2.1 (Critério de Cauchy) Para que a série (8) convirja, é necessário e suficiente, que $\forall \varepsilon > 0 \; \exists n_o$ tal que, para todo $n > n_o$ e para todo número natural p cumpra-se

$$|S_{n+p} - S_n| = |a_{n+1} + a_{n+2} + \cdots + a_{n+p}| < \varepsilon.$$

A demonstração deste Teorema é análogo à demonstração do **Teorema** 1.11 para sequências numéricas. Basta considerar a sequência das somas parciais $(S_n)_n$ e aplicar o **Teorema** 1.11.

Exemplo2.5 A série

$$\frac{1}{1^2} + \frac{1}{2^2} + \frac{1}{3^2} + \cdots + \frac{1}{n^2} + \cdots$$

converge.

De fato, pelo critéro de Cauchy, dado $\varepsilon > 0$ e $n > n_o$, com $p > 0$, temos

$$
\begin{aligned}
|S_{n+p} - S_n| \quad &= |a_{n+1} + a_{n+2} + \cdots + a_{n+p}| = \\
&= |\frac{1}{(n+1)^2} + \frac{1}{(n+2)^2} + \cdots + \frac{1}{(n+p)^2}| < \\
&< \frac{1}{n(n+1)} + \frac{1}{(n+1)(n+2)} + \cdots + \frac{1}{(n+p-1)(n+p)} = \\
&= \left(\frac{1}{n} - \frac{1}{n+1}\right) + \left(\frac{1}{n+1} - \frac{1}{n+2}\right) + \cdots \left(\frac{1}{n+p-1} - \frac{1}{n+p}\right) = \frac{1}{n} - \frac{1}{n+p} < \\
&< \frac{1}{n} < \varepsilon
\end{aligned}
$$

desde que $n_o = \left(\left[\frac{1}{\varepsilon}\right] + 1\right)$[1]

---

[1] A parte inteira de um número real x é o maior inteiro $[x]$ que não é maior que x.

Exemplo2.6 A série harmônica

$$1 + \frac{1}{2} + \frac{1}{3} + \cdots + \frac{1}{n} + \cdots$$

diverge.

Já vimos no **Exemplo 2.4**, que a série harmônica diverge. Agora mostremos este fato, usando o critério de Cauchy. Seja $\varepsilon = \frac{1}{3}$. Suponhamos que $p = n$, então

$$
\begin{aligned}
|S_{n+n} - S_n| \quad &= |a_{n+1} + a_{n+2} + \cdots + a_{n+n}| = \\
&= |\frac{1}{n+1} + \frac{1}{n+2} + \cdots + \frac{1}{2n}| > n\frac{1}{2n} = \\
&= \frac{1}{2} > \varepsilon \ \forall n.
\end{aligned}
$$

Exemplo2.7 A série

$$\frac{1}{\sqrt{1.2}} + \frac{1}{\sqrt{2.3}} + \frac{1}{\sqrt{3.4}} + \frac{1}{\sqrt{n(n+1)}} + \cdots$$

diverge.

De fato, pelo critéro de Cauchy, dado $\varepsilon = \frac{1}{5}$ e supondo $p = n$, temos

$$
\begin{aligned}
|S_{n+n} - S_n| \quad &= |\frac{1}{\sqrt{(n+1)(n+2)}} + \frac{1}{\sqrt{(n+2)(n+3)}} + \cdots + \frac{1}{\sqrt{(2n)(2n+1)}}| > \\
&> \frac{1}{n+2} + \frac{1}{n+3} + \cdots + \frac{1}{2n+1} > \frac{n}{2n+1} = \\
&= \frac{1}{2 + \frac{1}{n}} > \frac{1}{5} = \varepsilon \ \forall n.
\end{aligned}
$$

2.3 Séries com Termos Positivos. Critérios de Convergência

Vamos estudar séries com termos positivos, isto é, $u_n > 0, n \in \mathbb{N}$. Para esses tipos de séries, estabeleceremos alguns critérios que nos permitirão dizer quando elas convergem ou divergem.

2.3.1 Teste de Comparação

Teorema 2.2 (Teste de Comparação) Consideremos duas séries com termos positivos.

$$\sum_{n=1}^{\infty} u_n = u_1 + u_2 + u_3 + \cdots + u_n + \cdots \tag{14}$$

$$\sum_{n=1}^{\infty} v_n = v_1 + v_2 + v_3 + \cdots + v_n + \cdots \tag{15}$$

tais que $u_n \leq v_n$ (a partir de um certo n), então:

1. a convergência da série (15) implica a convergência da série (14);

2. a divergência da série (14) implica a divergência da série (15).

3. Se

$$\lim_{n \to \infty} \frac{u_n}{v_n} = A > 0,$$

(16)

então as séries (14) e (15) convergem ou divergem simultaneamente.

Prova:

1. Denotemos por S_n e σ_n as somas parciais de (14) e (15) respectivamente. Por hipótese, temos,

$$S_n \leq \sigma_n.$$

Mas, a série (15) converge, e suponhamos que sua soma seja igual à σ, então

$$\sigma_n \leq \sigma, e \; portanto \; S_n \leq \sigma.$$

Segue daí, que a sequência $(S_n)_n$ é monótona crescente e limitada, portanto, ela possui limite, assim podemos concluir que a série (14) converge.

2. Agora, suponhamos que a série (14) é divergente; então sua soma parcial S_n cresce infinitamente, e pela desigualdade

$$S_n \leq \sigma_n,$$

segue que a soma parcial σ_n de (15), cresce infinitamente, e isto significa que a série (15) diverge.

3. Suponhamos que cumpre-se (16), então para um número positivo $\varepsilon < A$, existe um $n_o \in \mathbb{N}$, tal que para todo $n > n_o$ segue que $A - \varepsilon < \frac{u_n}{v_n} < A + \varepsilon$, ou

$$v_n(A - \varepsilon) < u_n < (A + \varepsilon)v_n.$$

(17)

Se a série (15) é convergente, então a série $\sum_{n_o+1}^{\infty} (A + \varepsilon)v_n$ também é convergente e pela desigualdade (17), observamos que a série $\sum_{n_o+1}^{\infty} u_n$ também é convergente, e portanto, a série (14) converge.

Se a série (15) é divergente, então a série $\sum_{n_o+1}^{\infty} v_n(A - \varepsilon)$ também é divergente, e pela desigualdade (17), observamos que a série $\sum_{n_o+1}^{\infty} u_n$ também é divergente, e portanto, a série (14) diverge. ∎

Exemplo2.8 Analise a convergência da seguinte série

$$\sum_{n=1}^{\infty} \frac{1}{n \cdot 3^n} = \frac{1}{1 \cdot 3^1} + \frac{1}{2 \cdot 3^2} + \frac{1}{3 \cdot 3^3} + \cdots + \frac{1}{n \cdot 3^n} + \cdots$$

Observamos que o termo geral da série $u_n = \frac{1}{n \cdot 3^n} < \frac{1}{3^n}$, $\forall n \geq 1$. Já sabemos que a série geométrica, cujo termo geral é $\frac{1}{3^n}$, isto é,

$$\sum_{n=1}^{\infty} \frac{1}{3^n} = \frac{1}{3^1} + \frac{1}{3^2} + \frac{1}{3^3} + \cdots + \frac{1}{3^n} + \cdots$$

converge, logo, pelo critério acima, podemos concluir que a série $\sum_{n=1}^{\infty} \frac{1}{n \cdot 3^n}$ também converge.

Exemplo2.9 Analise a convergência da seguinte série

$$\sum_{n=2}^{\infty} \frac{\ln n}{n} = \frac{\ln 2}{2} + \frac{\ln 3}{3} + \frac{\ln 4}{4} + \cdots + \frac{\ln n}{n} + \cdots$$

O termo geral da série $u_n = \frac{\ln n}{n} > \frac{1}{n}$, a partir de $n \geq 3$. Já sabemos que a série Harmônica, cujo termo geral é $\frac{1}{n}$, diverge, portanto, pela parte 2) do Teorema 2.2 do Critério de comparação concluimos que a série $\sum_{n=2}^{\infty} \frac{\ln n}{n}$ também diverge.

Exemplo2.10 A seguinte série

$$\sum_{n=1}^{\infty} \frac{1}{3n - 2} = 1 + \frac{1}{4} + \frac{1}{7} + \cdots + \frac{1}{3n - 2} + \cdots$$

é divergente, pois

$$\lim_{n \to \infty} \left(\frac{1}{3n-2} \div \frac{1}{n} \right) = \frac{1}{3} \neq 0$$

e a série Harmônica diverge.

Exemplo2.11 Mostre que se a série $\sum_{n=1}^{\infty} a_n (a_n \geq 0)$ converge, então a série $\sum_{n=1}^{\infty} a_n^2$ também converge.

Seja $\sigma_n = a_1^2 + a_2^2 + \cdots + a_n^2$ a n-ésima soma da série $\sum_{n=1}^{\infty} u_n^2$. É fácil ver que

$$\sigma_n = a_1^2 + a_2^2 + \cdots + a_n^2 \leq (a_1 + a_2 + \cdots + a_n)^2 = S_n^2 \leq const.$$

Como $S_n \to S$, pois a série $\sum_{n=1}^{\infty} a_n$ converge, segue que a sequência $(\sigma_n)_n$ é limitada e além do mais é monótona crescente, por isto, usando o teorema sobre a sequência monótona e limitada, concluimos que existe $\lim_{n \to \infty} \sigma_n$, e assim, a série $\sum_{n=1}^{\infty} a_n^2$ converge.

2.3.2 Critério da Raiz (Cauchy)

Teorema 2.2 (Critério de Cauchy) Consideremos a série

$$\sum_{n=1}^{\infty} u_n = u_1 + u_2 + u_3 + \cdots + u_n + \cdots$$

com termos positivos. Se

$$\lim_{n \to \infty} \sqrt[n]{u_n} = q, \tag{18}$$

então a série converge se $q < 1$ e diverge se $q > 1$. Se $q = 1$ o critério não é conclusivo.

Prova: Suponhamos que vale (18) com $q < 1$, então segue que

$$\sqrt[n]{u_n} < q + \varepsilon < 1 \ (n \geq n_o),$$

para um n_o suficientemente grande, portanto

$$u_n < (q + \varepsilon)^n.$$

Como a série $\sum_{n=n_o}^{\infty} (q + \varepsilon)^n$ é convergente, segue que a série $\sum_{n=n_o}^{\infty} u_n$ é convergente, logo a série $\sum_{n=1}^{\infty} u_n$ também é.

Se o limite (18) vale e $q > 1$, então segue que $u_n > 1$ para todo $n > n_o$, onde $n_o \in \mathbb{N}$ é um número suficientemente grande, e

$$\lim_{n \to \infty} u_n \neq 0.$$

E isto implica que a série $\sum_{n=1}^{\infty} u_n$ diverge. ∎

Exemplo2.12 Analise a convergência da seguinte série

$$\sum_{n=1}^{\infty} \left(\frac{n}{3n+1}\right)^n = \left(\frac{1}{4}\right)^1 + \left(\frac{2}{7}\right)^2 + \left(\frac{3}{10}\right)^3 + \cdots + \left(\frac{n}{3n+1}\right)^n + \cdots$$

Aplicando o critério da raiz de Cauchy ao termo geral da série, temos

$$\lim_{n \to \infty} \sqrt[n]{u_n} = \lim_{n \to \infty} \sqrt[n]{\left(\frac{n}{3n+1}\right)^n} = \lim_{n \to \infty} \frac{n}{3n+1} = \frac{1}{3} < 1.$$

Logo, podemos concluir que a série converge.

Exemplo2.13 Analise a convergência da seguinte série

$$\sum_{n=1}^{\infty} \left(\frac{n}{n+1}\right)^{n^2} = \left(\frac{1}{2}\right)^1 + \left(\frac{2}{3}\right)^4 + \left(\frac{3}{4}\right)^9 + \cdots + \left(\frac{n}{n+1}\right)^{n^2} + \cdots$$

Aplicando o critério da raiz de Cauchy ao termo geral da série, temos

$$\lim_{n \to \infty} \sqrt[n]{u_n} = \lim_{n \to \infty} \sqrt[n]{\left(\frac{n}{n+1}\right)^{n^2}} = \lim_{n \to \infty} \left(\frac{n}{n+1}\right)^n = \frac{1}{e} < 1.$$

Logo, podemos concluir que a série converge.

2.3.3 Critério da Razão (d'Alembert)

Teorema 2.2 (Critério de d'Alembert[2]) Consideremos a série

$$\sum_{n=1}^{\infty} u_n = u_1 + u_2 + u_3 + \cdots + u_n + \cdots$$

com termos positivos. Se

$$\lim_{n \to \infty} \frac{u_{n+1}}{u_n} = q, \tag{19}$$

então a série converge se $q < 1$ e diverge se $q > 1$. Se $q = 1$ o critério não é conclusivo.

Prova: Se o limite (19) cumpre-se com $q < 1$, então para um número positivo ε satisfazendo a condição $q + \varepsilon < 1$, temos

$$\frac{u_{n+1}}{u_n} < q + \varepsilon < 1 \; para \, n > n_o, \; n_o \in \mathbb{N} \; suficientemente \; grande:$$

$$\sum_{n=n_0+1}^{\infty} qu_n = qu_{n_0+1} + q^2 u_{n_0+1} + q^3 u_{n_0+1} + \cdots \; série \; geométrica \; convergente.$$

Donde segue, a série $\sum_{n=n_o+1}^{\infty} u_n$ converge e, por isso, a série $\sum_{n=1}^{\infty} u_n$ também converge.

Se o limite (19) cumpre-se com $q > 1$, temos

$$\frac{u_{n+1}}{u_n} > 1 \, (n > n_o), \; n_o \in \mathbb{N} \; suficientemente \; grande: u_{n+1} > u_n \; e \, u_n \nrightarrow 0.$$

E, por isto, a série $\sum_{n=n_o}^{\infty} u_n$ diverge. Logo a série $\sum_{n=1}^{\infty} u_n$ também diverge. ∎

Exemplo 2.14 Analise a convergência da seguinte série

$$\sum_{n=1}^{\infty} \frac{3n+1}{3^n} = \frac{4}{3} + \frac{7}{3^2} + \frac{10}{3^3} + \cdots + \frac{3n+1}{3^n} + \cdots$$

Observamos que;

$$u_n = \frac{3n+1}{3^n}, u_{n+1} = \frac{3n+4}{3^{n+1}}.$$

Aplicando o critério de d'Alembert, temos

---

[2] Jean le Rond d'Alembert (1717 - 1783) filósofo, matemático e físico francês

$$\lim_{n\to\infty}\frac{u_{n+1}}{u_n} = \lim_{n\to\infty}\frac{\dfrac{3n+4}{3^{n+1}}}{\dfrac{3n+1}{3^n}} = \lim_{n\to\infty}\frac{3^n(3n+4)}{3^{n+1}(3n+1)} =$$

$$= \lim_{n\to\infty}\frac{3n+4}{3(3n+1)} = \frac{1}{3}\lim_{n\to\infty}\frac{3n+4}{3n+1} = \frac{1}{3}\lim_{n\to\infty}\frac{3+\dfrac{4}{n}}{3+\dfrac{1}{n}} = \frac{1}{3} < 1.$$

Logo, podemos concluir que a série converge.

Exemplo2.15 Analise a convergência da seguinte série

$$\sum_{n=1}^{\infty}\frac{n^n}{n!} = \frac{1}{1} + \frac{2^2}{2!} + \frac{3^3}{3!} + \cdots + \frac{n^n}{n!} + \cdots$$

Observamos que;

$$u_n = \frac{n^n}{n!}, \; u_{n+1} = \frac{(n+1)^{n+1}}{(n+1)!}.$$

Aplicando o critério de d'Alembert, temos

$$\lim_{n\to\infty}\frac{u_{n+1}}{u_n} = \lim_{n\to\infty}\frac{\dfrac{(n+1)^{n+1}}{(n+1)!}}{\dfrac{n^n}{n!}} = \lim_{n\to\infty}\frac{(n+1)^{n+1}.n!}{(n+1)!\,n^n} =$$

$$= \lim_{n\to\infty}\frac{(n+1)^n}{n^n} = \lim_{n\to\infty}\left(\frac{n+1}{n}\right)^n = \lim_{n\to\infty}\left(1+\frac{1}{n}\right)^n = e > 1.$$

Logo, podemos concluir que a série diverge.

2.3.4 Critério Integral de Cauchy

Para considerar o seguinte critério de convergência, é necessário estudar a convergência de integrais impróprias. Ver por exemplo [8], [13].

Teorema 2.5 (Critério Integral de Cauchy) Consideremos a série

$$\sum_{n=1}^{\infty} u_n = u_1 + u_2 + u_3 + \cdots + u_n + \cdots$$

com termos positivos, tais que

$$u_1 \geq u_2 \geq u_3 \geq \cdots \geq u_n \geq \cdots$$

Se existe uma função $f(x)$ contínua e não crescente, tal que

$$f(1) = u_1; f(2) = u_2; f(3) = u_3; \dots f(n) = u_n. \tag{20}$$

Então podemos afirmar que, se a integral imprópria

$$\int_{1}^{\infty} f(x)dx$$

converge, então, a série $\sum_{n=1}^{\infty} u_n$ também converge, mas se a integral diverge (ou é igual a infinito), a série também diverge.

Prova: Escrevamos no eixo $0x$ os valores naturais de n e no eixo das ordenadas os valores u_n. Construamos na mesma figura, o gráfico da função não crescente $y = f(x)$, satisfazendo a condição (20).

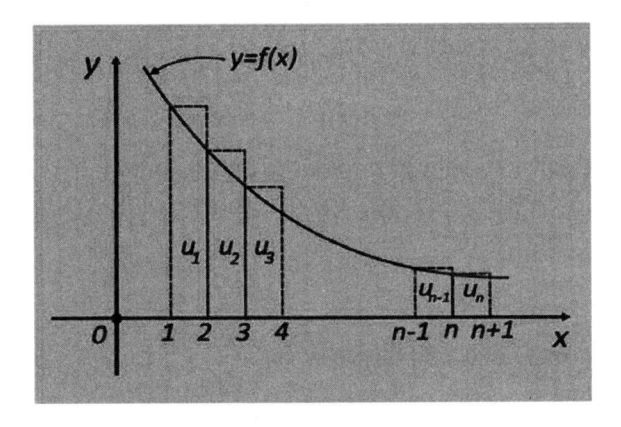

Figura 6: Área dos retângulos maior que área da figura

Observamos que a área do primeiro retângulo construido é igual a $u_1 = f(1)$, a área do segundo retângulo é $u_2 = f(2)$ e assim por diante, até chegar a área do n-ésimo retângulo cuja área é igual a $u_n = f(n)$. A soma destas áreas constitui a soma parcial da nossa série, isto é,

$$S_n = u_1 + u_2 + u_3 + \cdots + u_n.$$

E como a área do trapézio curvilíneo limitada pelo gráfico da função $f(x)$ o eixo das abscissas e as retas verticais $x = 1$ e $x = n + 1$, é dada pela integral $\int_{n=1}^{n+1} f(x)dx$, então temos

$$S_n > \int_{1}^{n+1} f(x)dx. \tag{21}$$

Consideremos agora a seguinte figura.

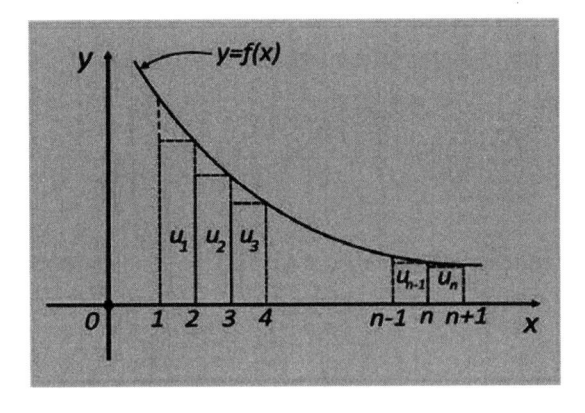

Figura 7: Área dos retângulos menor que área da figura

A área do primeiro retângulo construído é igual a $u_2 = f(2)$, a área do segundo retângulo é igual a $u_3 = f(3)$, etc., a área do n-ésimo retângulo é igual a $u_{n+1} = f(n+1)$.

Assim, a soma das áreas construídas é igual a $S_{n+1} - u_1$ e portanto,

$$S_{n+1} - u_1 < \int_1^{n+1} f(x)dx,$$

donde

$$S_{n+1} < \int_1^{n+1} f(x)dx + u_1. \tag{22}$$

Agora consideremos dois casos:

1. Suponhamos que a integral $\int_1^\infty f(x)dx$ convirja, então como

$$\int_1^{n+1} f(x)dx < \int_1^\infty f(x)dx,$$

e pelo fato que $S_n < S_{n+1}$, e usando a desigualdade (22):

$$S_n < S_{n+1} < \int_1^\infty f(x)dx + u_1,$$

observamos que a soma parcial S_n é limitada, e portanto, existe o limite

$$\lim_{n\to\infty} S_n = S,$$

o que significa que a série converge.

2. Suponhamos agora que a integral diverge, isto é,

$$\int_1^\infty f(x)dx = \infty.$$

Isto significa dizer que a integral $\int_1^{n+1} f(x)dx$ cresce infinitamente a medida que $n \to \infty$. Mas pela desigualdade (21), S_n cresce infinitamente quando $n \to \infty$, o que significa que nossa série diverge. ∎

Exemplo 2.16 Estudar a convergência da p-série ou série de Dirichlet[3],

$$\sum_{n=1}^\infty \frac{1}{n^p} = \frac{1}{1^p} + \frac{1}{2^p} + \frac{1}{3^p} + \cdots + \frac{1}{n^p} + \cdots$$

Seja $u_n = \frac{1}{n^p}$, então existe a função não crescente $f(x) = \frac{1}{x^p}$. Comparemos a p-série com a integral imprópria

$$\int_1^\infty \frac{dx}{x^p}.$$

---

[3] Johann Peter Gustav Lejeune Dirichlet (1805 - 1859) matemático alemão.

Então, temos

$$\int_1^\infty \frac{dx}{x^p} = \lim_{A\to\infty} \int_1^A \frac{dx}{x^p} = \lim_{A\to\infty} \begin{cases} \frac{1}{1-p} x^{1-p}\big|_1^A = \frac{1}{1-p}(A^{1-p}-1), para\ p \neq 1 \\ \ln x\big|_1^A = \ln A, \qquad para\ p = 1. \end{cases}$$

Tomando o limite quando $A \to \infty$, obtemos

1. Se $p > 1$, a integral $\int_1^\infty \frac{dx}{x^p} = \frac{1}{p-1}$ converge, por isso a série converge.

2. Se $p < 1$, a integral $\int_1^\infty \frac{dx}{x^p} = \infty$ diverge, por isso a série diverge.

3. Se $p = 1$, a integral $\int_1^\infty \frac{dx}{x} = +\infty$ diverge, por isso a série diverge.

Podemos concluir agora o seguinte resultado importante para a p −série:

$$\sum_{n=1}^{\infty} \frac{1}{n^p} = \begin{cases} converge\ se\ p > 1 \\ diverge\ se\ p \leq 1. \end{cases}$$

Exemplo2.17 Estudar a convergência da série

$$\sum_{n=1}^{\infty} \frac{1}{\sqrt[3]{n^4}}.$$

Escrevendo a série na seguinte forma:

$$\sum_{n=1}^{\infty} \frac{1}{\sqrt[3]{n^4}} = \sum_{n=1}^{\infty} \frac{1}{n^{4/3}},$$

e aplicando agora o critério da p −série, com $p = 4/3 > 1$, concluimos que a série $\sum_{n=1}^{\infty} \frac{1}{\sqrt[3]{n^4}}$ converge.

Exemplo2.18 Estudar a convergência da série

$$\sum_{n=1}^{\infty} \frac{1}{\sqrt[4]{n}}.$$

Uma análise direta da série nos dá

$$\sum_{n=1}^{\infty} \frac{1}{\sqrt[4]{n}} = \sum_{n=1}^{\infty} \frac{1}{n^{1/4}}.$$

E neste caso, temos que $p = 1/4 < 1$, portanto, a série diverge.

Exemplo2.19 Estudar a convergência da série

$$\sum_{n=2}^{\infty} \frac{1}{n\ln n}.$$

Seja $f(n) = \frac{1}{n\ln n}$, e considere a função não crescente $f(x) = \frac{1}{x\ln x}$.

Consideremos a integral imprópria $\int_2^{\infty} \frac{dx}{x\ln x}$. Precisamos analisar a convegência desta integral:

$$\int_2^{\infty} \frac{dx}{x\ln x} = \int_2^{\infty} \frac{d\ln x}{\ln x} =$$

$$\overset{\ln x = t}{=} \int_{\ln 2}^{\infty} \frac{dt}{t} = \ln t|_{\ln 2}^{\infty} = +\infty.$$

Como a integral imprópria diverge, concluimos pelo critério da integral que a série também diverge.

Exemplo2.20 Estudar a convergência da série

$$\sum_{n=2}^{\infty} \frac{1}{n\ln n . \ln(\ln n)}.$$

Seja $f(n) = \frac{1}{n\ln n . \ln(\ln n)}$, e considere a função não crescente $f(x) = \frac{1}{x\ln x . \ln(\ln x)}$.

Consideremos a integral imprópria $\int_2^{\infty} \frac{dx}{x\ln x . \ln(\ln x)}$. Precisamos analisar a convergência desta integral

$$\int_2^{\infty} \frac{dx}{x\ln x . \ln(\ln x)} = \int_2^{\infty} \frac{d\ln x}{\ln x . \ln(\ln x)} =$$

$$= \ln\ln\ln x|_2^{\infty} = +\infty.$$

Como a integral imprópria diverge, concluimos pelo critério integral que a série também diverge.

2.3.5 Critérios de Raabe e Gauss

Quando os critérios da razão e da raiz estudados nas seções anteriores não são concluentes os critérios de Raabe[4] e Gauss[5] podem ser muito convenientes.

Teorema 2.6 (Critério de Raabe) Se na série (8) todos os seus termos são positivos e

$$\lim_{n \to \infty} n\left(\frac{a_n}{a_{n+1}} - 1\right) = p,$$

então quando $p > 1$, a série (8) converge, e se $p < 1$ a série diverge.

Quando $p = 1$ o critério é inconclusivo.

---

[4] Joseph Ludwig Raabe, matemático suíço (1801-1859).
[5] Johann Carl Friedrich Gauss, grande matemático, astrônomo e físico alemão (1777-1855).

Prova: Seja $p > 1$, tomemos $r \in (1, p)$, então para n suficientemente grande temos

$$n\left(\frac{a_n}{a_{n+1}} - 1\right) > r > 1 \quad ou \quad \frac{a_n}{a_{n+1}} > 1 + \frac{r}{n}. \tag{23}$$

Para $m > 1$, é conhecido o seguinte limite:

$$\lim_{n \to \infty} \frac{\left(1 + \frac{1}{n}\right)^m - 1}{\frac{1}{n}} = m,$$

pois

$$\left(1 + \frac{1}{n}\right)^m = 1 + \frac{m}{1} \cdot \frac{1}{n} + \frac{m(m-1)}{2!}\frac{1}{n^2} + \frac{m(m-1)(m-2)}{3!}\frac{1}{n^3} + \cdots + \frac{1}{n^m}.$$

Assim, para todo n suficientemente grande e $r > m > 1$, teremos

$$\frac{\left(1 + \frac{1}{n}\right)^m - 1}{\frac{1}{n}} < r \quad ou \quad \left(1 + \frac{1}{n}\right)^m < 1 + \frac{r}{n},$$

e como $\frac{a_n}{a_{n+1}} > 1 + \frac{r}{n}$ por (23), obtemos,

$$\frac{a_n}{a_{n+1}} > \left(1 + \frac{1}{n}\right)^m \quad ou \quad \frac{a_n}{a_{n+1}} > \left(\frac{n+1}{n}\right)^m.$$

Esta desigualdade pode ser reescrita na forma

$$\frac{a_{n+1}}{a_n} < \left(\frac{n}{n+1}\right)^m = \frac{\frac{1}{(n+1)^m}}{\frac{1}{n^m}}.$$

Pelo critério de comparação, concluimos que a série (8) converge, pois os termos $\frac{1}{(n+1)^m}$ e $\frac{1}{n^m}$ são os termos de duas séries convergentes.

Agora, se temos

$$n\left(\frac{a_n}{a_{n+1}} - 1\right) < 1,$$

então podemos obter, tal como foi feito acima

$$\frac{a_{n+1}}{a_n} > \frac{n}{n+1} = \frac{\frac{1}{n+1}}{\frac{1}{n}}.$$

E de novo, pelo critério de comparação, podemos concluir que a série (8) diverge, pois os termos $\frac{1}{n+1}$ e $\frac{1}{n}$ são os termos de duas séries divergentes. ■

O seguinte exemplo mostra que o critério de Raabe pode funcionar quando o critério da razão é inconclusivo.

Exemplo 2.21 Analise a convergência da série

$$\sum_{n=1}^{\infty} \frac{3.5.\dots(2n+1)}{2.4.\dots 2n}.$$

Neste caso, temos $a_n = \frac{3.5.\dots(2n+1)}{2.4.\dots 2n}$ e $a_{n+1} = \frac{3.5.\dots(2n+1)(2n+3)}{2.4.\dots 2n(2n+2)}$. Pelo critério da razão, obtemos

$$\lim_{n\to\infty} \frac{a_{n+1}}{a_n} = \lim_{n\to\infty} \frac{\dfrac{3.5.\dots(2n+1)(2n+3)}{2.4.\dots 2n(2n+2)}}{\dfrac{3.5.\dots(2n+1)}{2.4.\dots 2n}} = \lim_{n\to\infty} \frac{2n+3}{2n+2} = 1,$$

que nada pode dizer com relação a convergência da série. Mas, pelo critério de Raabe,

$$\lim_{n\to\infty} n\left(\frac{a_n}{a_{n+1}} - 1\right) = \lim_{n\to\infty} n\left(\frac{\dfrac{3.5.\dots(2n+1)}{2.4.\dots 2n}}{\dfrac{3.5.\dots(2n+1)(2n+3)}{2.4.\dots 2n(2n+2)}} - 1\right) =$$

$$= \lim_{n\to\infty} n\left(\frac{2n+2}{2n+3} - 1\right) = \lim_{n\to\infty} -\frac{n}{2n+3} = -\frac{1}{2} < 1,$$

logo a série diverge.

Exemplo2.22 Analise a convergência da série

$$\sum_{n=1}^{\infty} \frac{n!\, e^n}{n^{n+p}}.$$

Como $a_n = \frac{n!e^n}{n^{n+p}}$, temos $a_{n+1} = \frac{(n+1)!e^{n+1}}{(n+1)^{n+1+p}}$. Então

$$\frac{a_n}{a_{n+1}} = \frac{n!\, e^n (n+1)^{n+1+p}}{(n+1)!\, e^{n+p} n^{n+p}} = \frac{1}{e}\left(1+\frac{1}{n}\right)^{n+p} =$$

$$= \frac{1}{e} e^{(n+p)\ln(1+\frac{1}{n})} = e^{-1+(n+p)\left(\frac{1}{n}-\frac{1}{2n^2}+O(\frac{1}{n^2})\right)} =$$

$$= e^{-1+\frac{n+p}{n}-\frac{n+p}{2n^2}+(n+p)O(\frac{1}{n^2})} =$$

$$= e^{\frac{p-1/2}{n}+O(\frac{1}{n})} =$$

$$= e^{\frac{p-0,5}{n}+O(\frac{1}{n})} = 1 + \frac{p-0,5}{n} + O(\frac{1}{n}).$$

Assim, pelo critério de Raabe,

$$\lim_{n\to\infty} n\left(\frac{a_n}{a_{n+1}} - 1\right) = \lim_{n\to\infty} \left(p - 0,5 + O(\frac{1}{n})\right) = p - 0,5.$$

Se $p - 0,5 > 1$, isto é, para $p > \frac{3}{2}$, concluimos que a série converge.

Alguns esclarecimentos com relação a solução do Exemplo 2.22. Usamos o fato que

$$e^{\alpha} = 1 + \frac{\alpha}{1!} + \frac{\alpha^2}{2!} + \frac{\alpha^3}{3!} + \cdots$$

vide Capítulo 4 e que $\frac{p-0,5}{n}$ está na vizinhança de 0 quando $n \to \infty$.

O símbolo O que apareceu no exemplo anterior e o simbolo o foram introduzidos por Landau[6]

Simbolo O: lê-se O grande. Escrevemos

$$f(\varepsilon) = O[g(\varepsilon)], \;\; quando \; \varepsilon \to 0$$

se existe um número positivo M que não depende de ε tal que

$$|f(\varepsilon)| \leq M|g(\varepsilon)| \; ou \; \lim_{\varepsilon \to 0}|\frac{f(\varepsilon)}{g(\varepsilon)}| < \infty.$$

Símbolo o: lê-se o pequeno. Escrevemos

$$f(\varepsilon) = o[g(\varepsilon)], \;\; quando \; \varepsilon \to 0$$

se existe um número positivo δ que não depende de ε tal que

$$|f(\varepsilon)| \leq \delta|g(\varepsilon)| \; ou \; \lim_{\varepsilon \to 0}|\frac{f(\varepsilon)}{g(\varepsilon)}| = 0.$$

Exemplo2.23 Consideremos os seguintes exemplos

1. $\operatorname{sen} \varepsilon = O(\varepsilon)$;

2. $\cos \varepsilon = O(1)$;

3. $\varepsilon^2 = O(\varepsilon^2)$;

4. $\varepsilon = o(1)$;

5. $\varepsilon^2 = o(\varepsilon)$;

6. $e^{-\varepsilon^{-1}} = o(\varepsilon^n), \; \forall n \in \mathbb{N}$.

Antes de enunciar o Critério de Gauss para convergência de séries, vamos enunciar o Teste de Bertrand em [7], que será usado na prova do critério de Gauss.

Teorema 2.7 (Teste de Bertrand) Seja a série $\sum_{n=1}^{\infty} a_n$ com termos positivos. Denotemos por $B_n = \ln n \left[n \left(\frac{a_n}{a_{n+1}} - 1 \right) - 1 \right]$. Suponhamos que $\lim_{n \to \infty} B_n = B$. Então,

1. se $B > 1$ então a série $\sum_{n=1}^{\infty} a_n$ converge;

---

[6] Lev Davidovich Landau, grande físico e matemático soviético (1908-1968).

2. se $B < 1$ então a série $\sum_{n=1}^{\infty} a_n$ diverge.

Teorema 2.8 (Critério de Gauss) Se na série (8) todos os seus termos são positivos e

$$\frac{a_n}{a_{n+1}} = \lambda + \frac{\mu}{n} + \frac{\theta_n}{n^{1+\varepsilon}},$$

onde $\varepsilon > 0$, $|\theta_n| < c$, então quando $\lambda > 1$ a série (8) converge, e quando $\lambda < 1$ a série diverge. Se $\lambda = 1$, então a série converge quando $\mu > 1$ e diverge quando $\mu \leq 1$.

Prova: Se $\lambda > 1$

$$\lim_{n \to \infty} \frac{a_{n+1}}{a_n} = \frac{1}{\lambda} < 1,$$

a série converge, pois é consequência do critério da razão.

Agora suponhamos $\lambda = 1$, então

$$n\left(\frac{a_n}{a_{n+1}} - 1\right) = \mu + \frac{\theta_n}{n^\varepsilon},$$

e pelo Critério de Raabe, a série converge se $\mu > 1$ e diverge se $\mu < 1$. Por fim, se $\mu = 1$, então temos

$$n\left(\frac{a_n}{a_{n+1}} - 1\right) - 1 = \frac{\theta_n}{n^\varepsilon}.$$

Agora, multiplicando a última expressão por $\ln n$, obtemos

$$\ln n \left[n\left(\frac{a_n}{a_{n+1}} - 1\right) - 1\right] = \frac{\ln n}{n^\varepsilon} \cdot \theta_n.$$

Como $\lim_{n \to \infty} \frac{\ln n}{n^\varepsilon} = 0$ e θ_n é limitada, temos

$$\lim_{n \to \infty} \frac{\ln n}{n^\varepsilon} \theta_n = 0.$$

Então

$$\lim_{n \to \infty} \ln n \left[n\left(\frac{a_n}{a_{n+1}} - 1\right) - 1\right] = 0$$

e pelo Teste de Bertrand a série (8) diverge. ∎

O critério de Gauss generaliza o critério de D´alambert e Raabe.

Exemplo2.24 Analise a convergência da série

$$\left(\frac{1}{2}\right)^p + \left(\frac{1.3}{2.4}\right)^p + \left(\frac{1.3.5}{2.4.6}\right)^p + \cdots$$

Consideremos a relação

$$\frac{a_n}{a_{n+1}} = \left(\frac{1.3.5\dots(2n-1)}{2.4.6\dots.2n}\right)^p \left(\frac{2.4.6\dots.2n(2n+2)}{1.3.5\dots.(2n-1)(2n+1)}\right)^p =$$

$$= \left(1+\frac{1}{2n+1}\right)^p = 1+\frac{p}{2n+1}+\frac{p(p-1)}{2(2n+1)^2}+O\left(\frac{1}{n^2}\right) \ quando\ n\to\infty.$$

De acordo com o critério de Gauss, encontramos: se $p > 2$ a série converge, e se $p \leq 2$, a série diverge.

2.4 Séries Alternadas. Teorema de Leibniz

Consideremos agora uma série onde os sinais dos seus termos são alternados isto é, eles podem ser positivo, negativo, positivo, negativo, etc. Tais séries são da forma

$$\sum_{n=1}^{\infty} (-1)^{n+1}u_n = u_1 - u_2 + u_3 - \cdots + (-1)^{n+1}u_n + \cdots$$

com $u_1, u_2, u_3, \dots$ positivos.

Um resultado importante que permitirá analisar a convergência de séries alternadas é o Critério de Leibniz[7].

Teorema 2.8 (Critério de Leibniz) Consideremos a série alternada

$$\sum_{n=1}^{\infty} (-1)^{n+1}u_n = u_1 - u_2 + u_3 - \cdots + (-1)^{n+1}u_n + \cdots$$

com termos positivos $(u_n > 0)$, tais que eles formam uma sequência decrescente, isto é,

$$u_1 \geq u_2 \geq u_3 \geq \cdots \geq u_n \geq \cdots$$

Se

$$\lim_{n\to\infty} u_n = 0,$$

então podemos afirmar que a série alternada converge e sua soma não é maior que o primeiro termo.

Prova: Analisemos, primeiramente, a soma parcial com um número par de termos, isto é,

$$S_{2n} = u_1 - u_2 + u_3 - u_4 + \cdots + u_{2n-1} - u_{2n}.$$

Pela hipótese do teorema, os valores dos termos da série decrescem quando n cresce, então,

$$u_k \geq u_{k+1} \ e \ u_{2n+1} - u_{2n+2} \geq 0,$$

E, por isso,

$$S_{2n+2} = S_{2n} + u_{2n+1} - u_{2n+2} \geq S_{2n},$$

isto é, a sequência $(S_{2n})_n$ é crescente. Por outro lado, temos

---

[7] Gottfried Wilhelm Leibniz (1646 - 1716) filósofo, cientista, matemático, diplomata e bibliotecário alemão, um dos criadores do Cálculo Diferencial e Integral, juntamente com Isaac Newton.

$$S_{2n} = u_1 - (u_2 - u_3) - (u_4 - u_5) + \cdots - (u_{2n-2} - u_{2n-1}) - u_{2n} \leq u_1.$$

Desta forma, temos que

$$0 \leq S_{2n} \leq u_1,$$

e isto significa que a sequência $(S_{2n})_n$ é limitada. Como a sequência $(S_{2n})_n$ é monótona crescente e limitada, então ela é convergente, isto é,

$$\lim_{n \to \infty} S_{2n} = S. \tag{24}$$

Além disto, temos

$$S_{2n+1} = S_{2n} + u_{2n+1}.$$

Observamos que $\lim_{n \to \infty} u_n = 0$, implica que $\lim_{n \to \infty} u_{2n+1} = 0$, por isso,

$$
\begin{aligned}
\lim_{n \to \infty} S_{2n+1} &= \lim_{n \to \infty} (S_{2n} + u_{2n+1}) = \\
&= \lim_{n \to \infty} S_{2n} + \lim_{n \to \infty} u_{2n+1} = \\
&= S.
\end{aligned} \tag{25}
$$

Assim, de (24) e (25) segue que

$$\lim_{n \to \infty} S_n = S.$$

Exemplo 2.25 A série

$$\sum_{n=1}^{\infty} (-1)^{n-1} \frac{1}{n} = 1 - \frac{1}{2} + \frac{1}{3} - \frac{1}{4} + \cdots$$

é uma série alternada, cujos termos formam uma sequência decrescente e $\lim_{n \to \infty} \frac{1}{n} = 0$, então pelo critério de Leibniz a série converge.

2.5 Séries Absolutamente Convergentes

Consideremos uma série numérica cujos termos possuem sinais arbitrários. Queremos definir a convergência absoluta destas séries.

A série

$$\sum_{n=1}^{\infty} u_n = u_1 + u_2 + u_3 + \cdots + u_n + \cdots \tag{26}$$

é dita *absolutamente convergente* se a série

$$\sum_{n=1}^{\infty} |u_n| = |u_1| + |u_2| + |u_3| + \cdots + |u_n| + \cdots \tag{27}$$

converge. Se a série (26) converge, mas a série (27) diverge, então dizemos que a série (26) converge condicionalmente.

As séries convergentes de termos positivos são um caso particular das séries absolutamente convergentes. Para estudar a convergência absoluta da série (26), podemos aplicar os critérios de convergência estudados no parágrafo anterior à série (27). Assim, em particular, a série (26) será absolutamente convergente se:

$$\lim_{n\to\infty}\left|\frac{u_{n+1}}{u_n}\right| < 1, \quad \text{e/ou} \quad \lim_{n\to\infty}\sqrt[n]{|u_n|} < 1.$$

Exemplo2.26 Considere a seguinte série

$$\sum_{n=1}^{\infty}(-1)^{n-1}\frac{1}{n}. \tag{28}$$

Analise a convergência absoluta.

Escrevamos a série formada pelos módulos dos termos $(-1)^{n-1}\frac{1}{n}$:

$$\sum_{n=1}^{\infty}\left|(-1)^{n-1}\frac{1}{n}\right| = \sum_{n=1}^{\infty}\frac{1}{n}.$$

A série obtida é a série harmônica que, como já foi provado anteriormente diverge. Pelo critério de Leibniz, a série (28) converge, portanto, a série (28) converge condicionalmente.

Exemplo2.27 Analise a convergência absoluta da seguinte série

$$\sum_{n=1}^{\infty}(-1)^{n-1}\frac{\text{sen}\frac{3n\pi}{5}}{n^2} \tag{29}$$

Sabemos que $\left|\text{sen}\frac{3n\pi}{5}\right| \le 1$ para todo $n \in \mathbb{N}$, então

$$\left|\frac{\text{sen}\frac{3n\pi}{5}}{n^2}\right| \le \left|\frac{1}{n^2}\right| = \frac{1}{n^2},$$

e além disso, a série

$$\sum_{n=1}^{\infty}\frac{1}{n^2}$$

converge pelo critério da p −série, portanto, a série (29) converge absolutamente.

Exemplo2.28 Analise a convergência absoluta da seguinte série

$$\sum_{n=2}^{\infty}(-1)^{n}\frac{1}{\ln n}.$$

Sabemos que $n > \ln n$ para todo $n \in \mathbb{N}$, e para todo $n > 2$, temos

$$\frac{1}{\ln n} > \frac{1}{n}.$$

E como a série

$$\sum_{n=2}^{\infty} \frac{1}{n}$$

diverge(série Harmônica), então pelo critério de comparação, a série

$$\sum_{n=2}^{\infty} \frac{1}{\ln n}$$

diverge. Pelo critério de Leibniz, a série

$$\sum_{n=2}^{\infty} (-1)^n \frac{1}{\ln n}$$

converge. Logo, podemos concluir que a série

$$\sum_{n=2}^{\infty} (-1)^n \frac{1}{\ln n}$$

converge condicionalmente.

Exemplo2.29 Analise a convergência absoluta da seguinte série

$$\sum_{n=3}^{\infty} (-1)^n \frac{1}{\sqrt{n-2}}.$$

Como a série

$$\sum_{n=3}^{\infty} \frac{1}{\sqrt{n}}$$

é divergente pelo critério da p-série, então usando a terceira parte do critério de comparação, podemos concluir que a série

$$\sum_{n=3}^{\infty} \frac{1}{\sqrt{n-2}}$$

também diverge, pois

$$\lim_{n\to\infty} \frac{\frac{1}{\sqrt{n}}}{\frac{1}{\sqrt{n-2}}} = 1.$$

Mas, pelo critério de Leibniz, a série $\sum_{n=3}^{\infty} (-1)^n \frac{1}{\sqrt{n-2}}$ converge, então podemos concluir que a série $\sum_{n=3}^{\infty} (-1)^n \frac{1}{\sqrt{n-2}}$ converge condicionalmente.

Exemplo2.30 Analise a convergência absoluta da seguinte série

$$\sum_{n=1}^{\infty} (-1)^{n-1} \operatorname{sen} \frac{1}{n^2}.$$

Como a série

$$\sum_{n=1}^{\infty} \frac{1}{n^2}$$

é convergente pelo critério da p-série, então usando a terceira parte do critério de comparação, podemos concluir que a série

$$\sum_{n=1}^{\infty} \left| \operatorname{sen} \frac{1}{n^2} \right|$$

também converge, pois

$$\lim_{n \to \infty} \frac{\operatorname{sen} \frac{1}{n^2}}{\frac{1}{n^2}} \overset{1/n^2 = \alpha}{=} \lim_{\alpha \to 0} \frac{\operatorname{sen} \alpha}{\alpha} = 1,$$

e assim, a série $\sum_{n=1}^{\infty} (-1)^{n-1} \operatorname{sen} \frac{1}{n^2}$ converge absolutamente.

2.6 Exercícios do Capítulo 2

1. Verifique a condição necessária para convergência de séries ($\lim_{n\to\infty} u_n = 0$):

(a) $\sum_{n=1}^{\infty} \frac{3n+1}{5n+4}$;

(b) $\sum_{n=1}^{\infty} \sin \frac{3n^5}{n^5+1}$;

(c) $\sum_{n=1}^{\infty} \arctan \frac{1}{\sqrt{n}}$;

(d) $\sum_{n=1}^{\infty} n^7 \arctan \frac{1}{n^7}$;

(e) $\sum_{n=1}^{\infty} \ln(1 + \frac{1}{n^2})$.

2. Estude a convergência das seguintes séries:

(a) $\sum_{n=1}^{\infty} \frac{1}{\sqrt{20n}}$;

(b) $\sum_{n=1}^{\infty} \left(\frac{n}{n+1}\right)^{n^2}$;

(c) $\sum_{n=1}^{\infty} \frac{1}{\sqrt{n(n+1)}}$;

(d) $\sum_{n=1}^{\infty} \frac{\sqrt[3]{n}}{(n+1)\sqrt{n}}$;

(e) $\sum_{n=1}^{\infty} \frac{1}{8n+1}$;

(f) $\sum_{n=1}^{\infty} \left(\frac{n}{2n-1}\right)^{3n-1}$;

(g) $\sum_{n=1}^{\infty} \ln\left(1 + \frac{1}{n}\right)$;

(h) $\sum_{n=1}^{\infty} \frac{3^n n!}{n^n}$.

(i) $\sum_{n=2}^{\infty} \frac{1}{n^2-n}$;

(j) $\sum_{n=1}^{\infty} \frac{n^2}{2n^2+1}$;

(k) $\sum_{n=1}^{\infty} \frac{n!}{2n+1}$;

(l) $\sum_{n=1}^{\infty} \frac{3n+2}{n^3-2n}$;

(m) $\sum_{n=1}^{\infty} \frac{3^{n-1}}{n^{2n}}$;

(n) $\sum_{n=1}^{\infty} \sin \frac{\pi}{2n}$;

(o) $\sum_{n=1}^{\infty} \frac{1}{n^4 + sen^6 3n}$;

(p) $\sum_{n=1}^{\infty} \frac{3^{n^2-2}}{2^{n^2}\sqrt{n}}$;

(q) $\frac{1}{2} + \frac{1.5}{2.4.6} + \frac{1.5.9}{2.4.6.8} + \cdots + \frac{1.5...(4n-3)}{2.4.6...(4n-4)(4n-2)} + \cdots$;

(r) $\sum_{n=1}^{\infty} sen^n \frac{\pi}{2n}$;

(s) $\sum_{n=1}^{\infty} \frac{1}{2^n}\left(1 + \frac{1}{n}\right)^{n^2}$;

(t) $\sum_{n=1}^{\infty} \frac{1}{(n+1)\ln(n+1)}$;

(u) $\sum_{n=2}^{\infty} \frac{1}{n\ln^2 n}$;

(v) $\sum_{n=1}^{\infty} \left(\frac{1.3.5.....(2n-1)}{2.4.6.....2n}\right)^p \cdot \frac{1}{n^q}$;

(w) $\sum_{n=1}^{\infty} \left(\frac{p(p+1)...(p+n-1)}{q(q+1)...(q+n-1)}\right)^{\alpha}, (p > 0, q > 0)$.

3. Analise a convergência das seguintes séries e verifique se elas convergem absolutamente ou condicionalmente:

(a) $\sum_{n=1}^{\infty} \frac{(-1)^{n+1}}{2n+3}$;

(b) $\sum_{n=1}^{\infty} (-1)^{n-1} \frac{2n+1}{n(n+1)}$;

(c) $\sum_{n=1}^{\omega} (-1)^n \left(\frac{2n+1}{3n+1}\right)^n$.

(d) $\sum_{n=1}^{\infty} (-1)^n \frac{\sqrt[4]{n}}{(n+2)\sqrt{n}}$;

(e) $\sum_{n=1}^{\infty} (-1)^n \frac{n+5}{n^2+2}$;

(f) $\sum_{n=2}^{\infty} (-1)^n \frac{1}{n^4-n^3}$;

(g) $\sum_{n=1}^{\infty} \frac{sen\, n\alpha}{(\ln 20)^n}$;

(h) $\sum_{n=1}^{\infty} \frac{(-1)^{n-1}n}{5n-4}$;

(i) $\sum_{n=1}^{\infty} (-1)^n \sin \frac{\pi}{\sqrt{n}}$;

(j) $\sum_{n=1}^{\infty} \dfrac{(-1)^{n+1}3^n}{(2n+1)^n}$.

Capítulo 3

Sequências e Séries de Funções

No capítulo anterior estudamos sequências e séries infinitas cujos termos eram números. Agora estudaremos sequências e séries cujos termos serão funções de uma variável. Neste capítulo, estudaremos diferentes tipos de convergência de uma sequência de funções (convergência pontual e convergência uniforme) para uma outra função. O pontapé inicial obedece as seguintes definições.

3.1 Sequências de Funções

Definição 3.1 Considere para cada $n \in \mathbb{N}$ uma função $f_n: X \to \mathbb{R}$, com $X \subset \mathbb{R}$. Esta família de funções $(f_n)_n$ definidas em X, é chamada de sequência de funções.

Exemplo 3.1 Considere a sequência de funções reais $f_n(x) = \frac{x^3+2nx}{n+1}, n \in \mathbb{N}, x \in X \subset \mathbb{R}$. Assim para cada n, obtemos explicitamente alguns termos da sequência:

$$f_1(x) = \frac{x^3 + 2x}{2}, f_2(x) = \frac{x^3 + 4x}{3}, f_3(x) = \frac{x^3 + 6x}{4}, ..., f_8(x) = \frac{x^3 + 16x}{9}, ...,$$

onde cada função $f_n(x)$ está definida em todo $\mathbb{R}$.

Definição 3.2 Dizemos que a sequência de funções $(f_n(x))_n$ converge para a função $f(x)$ no conjunto X, se para qualquer elemento fixado $x_o \in X$, a sequência numérica $(f_n(x_o))_n$ converge para o número $f(x_o)$, isto é, $\forall \varepsilon > 0 \; \exists n_o = n_o(\varepsilon, x_o)$, tal que $\forall n > n_o$ vale a desigualdade

$$|f_n(x_o) - f(x_o)| < \varepsilon.$$

Esta convergência também é conhecida como convergência pontual em X. A notação $n_o = n_o(\varepsilon, x_o)$ indica a dependência de n_o tanto de ε como do ponto x_o.

Se a sequência $(f_n)_n$ converge pontualmente para f para todo $x \in X$ fixado, tem-se

$$\lim_{n \to \infty} f_n(x) = f(x).$$

Uma sequência de funções é dita divergente se não é convergente.

Observação 3.1 Observamos que na definição de convergência acima, estamos fixando um $x \in X$ e a definição vale apenas para este x. Mas, se tomarmos outro x, obtemos outra sequência numérica e para esse mesmo ε, o n_o encontrado pode não servir, e assim deveríamos trocá-lo por um outro número.

A seguir, vejamos alguns exemplos para ilustrar a definição acima.

Exemplo 3.2 Seja $f_n(x) = \frac{1}{1+nx}, x \in [0,1]$, o termo n-ésimo da sequência $\left(\frac{1}{1+nx}\right)_n$.
Para $x = 0$, temos $f(0) = 1$ e para $x > 0$

$$\lim_{n \to \infty} \frac{1}{1 + nx} = 0.$$

Assim,

$$\lim_{n\to\infty}\frac{1}{1+nx}=f(x)=\begin{cases}1, & x=0;\\0, & x>0.\end{cases}$$

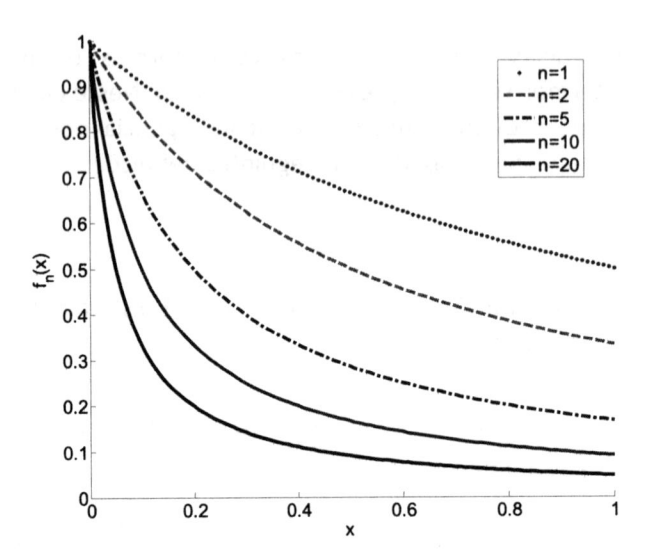

Figura 8: Gráfico de algumas funções $f_n(x)=\frac{1}{1+nx}, x\in[0.1]$.

Exemplo 3.3 Seja $f_n(x)=\frac{nx^3}{4+n^2x^4}, x\in\mathbb{R}$, o termo n-ésimo da sequência $\left(\frac{nx^3}{4+n^2x^4}\right)_n$.

É fácil ver que $\lim_{n\to\infty}\frac{nx^3}{4+n^2x^4}=0$ para qualquer $x\in\mathbb{R}$.

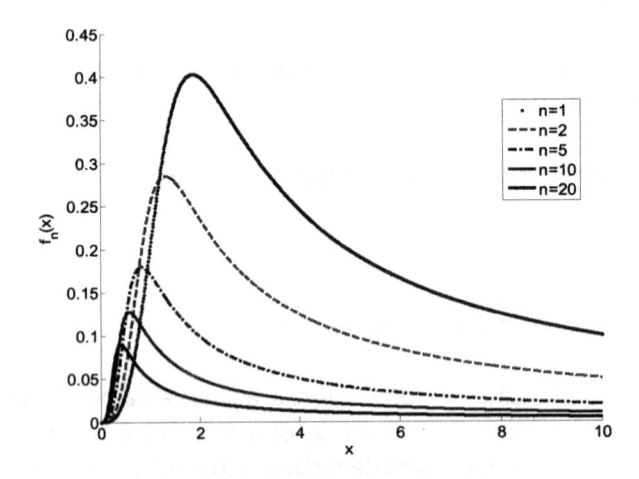

Figura 9: Gráfico de algumas funções $f_n(x)=\frac{nx^3}{4+n^2x^4}, x\in\mathbb{R}$.

Observação 3.2 Observamos que apesar de todas as funções das sequências serem contínuas, isto não garante que a função limite $f(x)$ seja contínua. Assim, no Exemplo 3.2 a função limite $f(x)$ não é contínua em $x=0$, mas no Exemplo 3.3, a função $f(x)$ é contínua em $\mathbb{R}$.

É claro que x pode tomar infinitos valores no conjunto X, e assim podemos obter infinitas sequências numéricas convergentes. Para cada sequência, encontramos por separado seu número n_o. A questão que pode ser levantada é, existe tal número n_o que (dado ε) seja capaz de servir para todas estas sequências? Uma resposta a este questionamento será dada na próxima seção.

3.1.1 Convergência Uniforme

Introduziremos agora a definição de convergência uniforme que responderá ao questionamento feito na seção anterior.

Definição 3.3 Dizemos que a sequência de funções $(f_n(x))_n$ converge uniformemente para a função $f(x)$ no conjunto X, se $\forall \varepsilon > 0 \ \exists n_o = n_o(\varepsilon)$, tal que $\forall n > n_o$ vale a desigualdade

$$|f_n(x) - f(x)| < \varepsilon$$

simultaneamente para todo $x \in X$.

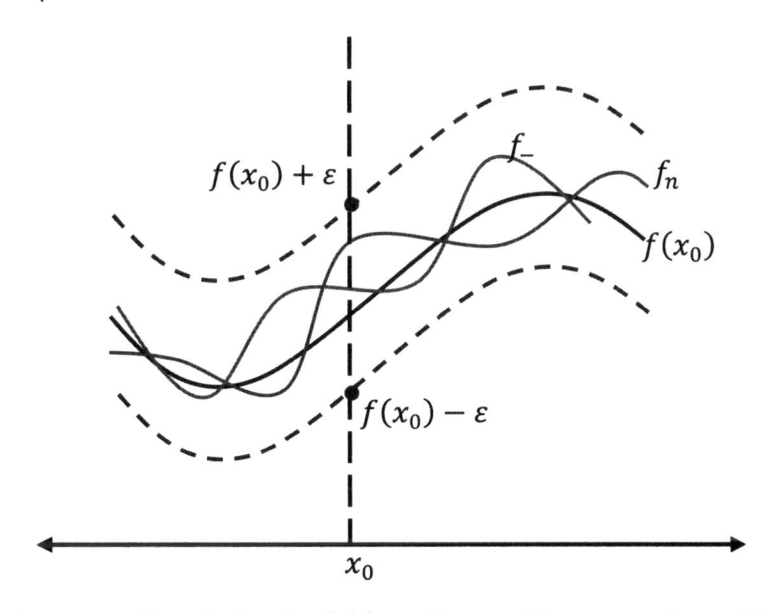

Figura 10: Gráficos das funções $f_n(x)$ contidas na ε-faixa que envolve o gráfico da função f.

Está claro que, se a sequência de funções converge uniformemente em algum conjunto, então ela converge uniformemente em qualquer um dos seus subconjuntos. A convergência uniforme de sequências de funções implica a convergência pontual, mas a afirmação inversa não é verdadeira.

Agora, mostremos através de alguns exemplos que nem sempre podemos obter tal n_o, falado na **Definição 3.3**.

Exemplo 3.4 Seja $f_n(x) = \frac{nx}{1+n^2x^2}$, $x \in [0,1]$, o termo n-ésimo da sequência $\left(\frac{nx}{1+n^2x^2}\right)_n$. É fácil ver que

$$\lim_{n\to\infty} \frac{nx}{1+n^2x^2} = 0, x \in [0,1].$$

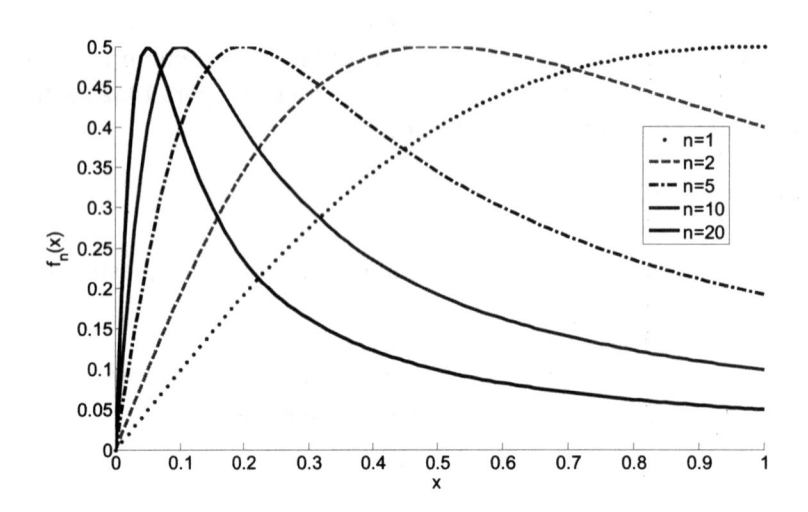

Figura 11: Gráficos das funções $f_n(x) = \frac{nx}{1+n^2x^2}, x \in [0,1]$.

Vejamos se podemos encontrar o tal n_o. Primeiramente, observemos que

$$\frac{nx}{1+n^2x^2} = \frac{1}{nx}\frac{1}{\frac{1}{nx}+nx} < \frac{1}{nx}, \forall x > 0.$$

Seja $\varepsilon > 0$. Temos

$$f_n(x) < \frac{1}{nx} < \varepsilon, \quad para\ todo\ x > 0\ fixado.$$

É suficiente tomar $n > n_o = \left[\frac{1}{x\varepsilon}\right]^1$. Mas, de outro lado, seja qual for o n suficientemente grande que tomemos, sempre é possível tomar $x = \frac{1}{n} \in [0,1]$, para o qual $f_n(\frac{1}{n}) = \frac{1}{2}$. Desta forma, não poderemos obter $f_n(x) < \frac{1}{2}$ para todos os valores de $x \in [0,1]$. Em outras palavras, para $\varepsilon = \frac{1}{2}$, não existe tal número n_o que funcione simultaneamente para todo $x \in [0,1]$. Neste caso dizemos que a sequência $\left(\frac{nx}{1+n^2x^2}\right)_n$ não converge para zero uniformemente no intervalo $[0,1]$.

Exemplo 3.5 Seja $f_n(x) = \frac{x}{1+n^2x^2}, x \in [0,1]$, o termo n-ésimo da sequência $\left(\frac{x}{1+n^2x^2}\right)_n$.

  É fácil ver que

$$\lim_{n\to\infty} \frac{x}{1+n^2x^2} = 0, x \in [0,1].$$

Vamos escolher o n_o. Seja $\varepsilon > 0$. Como

$$0 \le f_n(x) = \frac{1}{2n}\cdot\frac{2nx}{1+n^2x^2} \le \frac{1}{2n},$$

pois $(1-nx)^2 = 1 - 2nx + n^2x^2 \ge 0$, donde $1 + n^2x^2 \ge 2nx$, e $\frac{2nx}{1+n^2x^2} \le 1$.

---

[1] A parte inteira de um número real x é o maior inteiro $[x]$ que não é maior que x. Por exemplo, $[7,3] = 7, [-5,8] = -6$

Assim para ter $f_n(x) \leq \frac{1}{2n} < \varepsilon$, basta tomar $n > \frac{1}{2\varepsilon}$. Donde escolhendo $n_o = \left[\frac{1}{2\varepsilon}\right]$, observamos que ele serve para qualquer $x \in [0,1]$.

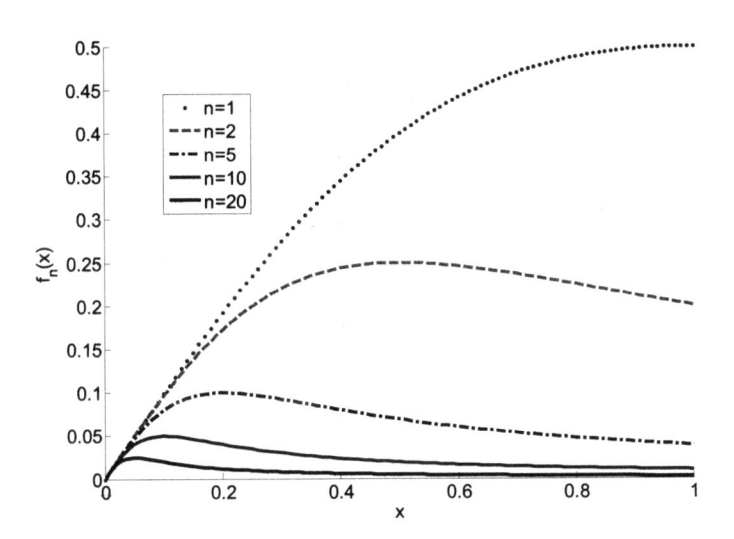

Figura 12: Gráficos das funções $f_n(x) = \frac{x}{1+n^2x^2}, x \in [0,1]$.

Neste caso, dizemos que a sequência $\left(\frac{x}{1+n^2x^2}\right)_n$ converge para zero uniformemente no intervalo $[0,1]$.

A seguir mostremos um critério de convergência uniforme de uma sequência de funções envolvendo seu resto r_n

Teorema 3.1 A sequência de funções $(f_n(x))_n (n = 1,2,3, \dots)$ converge uniformemente para a função $f(x)$ no conjunto X se, e somente se,

$$\lim_{n \to \infty} \left(\sup_{x \in X} r_n(x)\right) = 0,$$

onde $r_n(x) = |f(x) - f_n(x)|$.

Prova: Suponhamos que a sequência $(f_n(x))_n$ convirja uniformemente para a função $f(x)$ em X. Isto significa que $\forall \varepsilon > 0 \; \exists n_o(\varepsilon)$ tal que $\forall n > n_o(\varepsilon)$ cumpre-se a desigualdade $|f_n(x) - f(x)| < \varepsilon \; \forall x \in X$. Segue daqui que

$$\sup r_n(x) \leq \varepsilon.$$

Suponha agora que $\lim_{n \to \infty} (\sup_{x \in X} r_n(x)) = 0$. Então $\forall \varepsilon > 0 \; \exists n_o(\varepsilon)$ tal que $\sup r_n(x) < \varepsilon$. Mas, como $r_n(x) \leq \sup_{x \in X} r_n(x)$, então $r_n(x) = |f(x) - f_n(x)| < \varepsilon$ quando $x \in X$. ∎

Usando o critério do Teorema 3.1, analisemos a convergência uniforme das seguintes sequências.

Exemplo 3.6

$$f_n(x) = x^n - x^{2n}, \qquad no \; intervalo \; [0,1].$$

Observamos que $f_n(1) = f_n(0) = 0$ e também $\lim_{n \to \infty} f_n(x) = 0 = f(x)$ para todo $x \in [0,1]$. Como as funções $f_n(x)$ são diferenciáveis no intervalo $[0,1]$, então $f_n'(x) = nx^{n-1} - 2nx^{2n-1} = nx^{n-1}(1 - 2x^n)$. Donde a função $f_n(x)$ atinge o máximo no ponto $x_o = \frac{1}{\sqrt[n]{2}} \in (0,1)$. Desta forma

$$\sup_{x \in [0,1]} r_n(x) = \sup_{x \in [0,1]} |f(x) - f_n(x)| = f_n(x_o) = \frac{1}{4}, \lim_{n \to \infty} \left(\sup_{x \in [0,1]} r_n(x) \right) = \frac{1}{4} \neq 0.$$

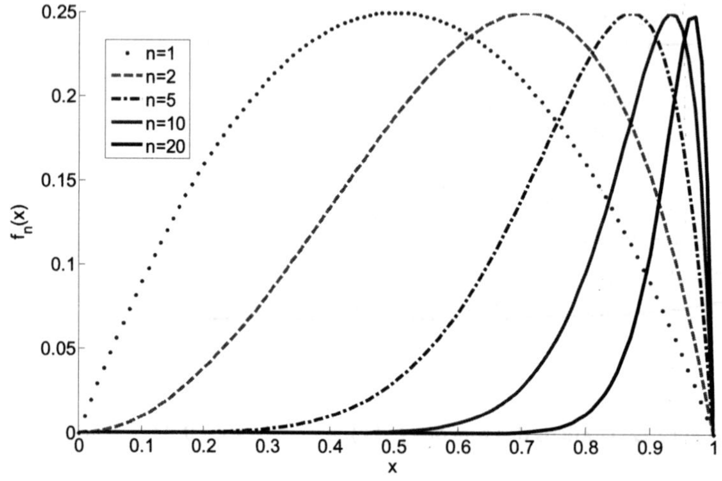

Figura 13: Gráficos das funções $f_n(x) = x^n - x^{2n}, x \in [0,1]$.

Segue daqui que a sequência $f_n(x)$ não tende a zero uniformemente.

Exemplo 3.7

$$f_n(x) = \frac{2nx}{2 + 3n + 3x}, \qquad \text{no intervalo } [0,1].$$

Observamos que $\lim_{n \to \infty} f_n(x) = \frac{2x}{3} = f(x)$ para todo $x \in [0,1]$. Como

$$\sup_{x \in [0,1]} r_n(x) = \sup_{x \in [0,1]} \left| \frac{2nx}{2 + 3n + 3x} - \frac{2x}{3} \right| \leq \frac{10}{3(2 + 3n)},$$

por isto

$$\lim_{n \to \infty} \left(\sup_{x \in [0,1]} r_n(x) \right) = 0.$$

Assim, a sequência $f_n(x)$ converge à $\frac{2x}{3}$ uniformemente.

3.1.2 Propriedades da Convergência Uniforme

Teorema 3.2 (Critério de Cauchy para Convergência Uniforme) A sequência de funções $(f_n)_n$ converge uniformemente em X se, e somente se, $\forall \varepsilon > 0 \ \exists n_o = n_o(\varepsilon)$, tal que, $\forall n, m > n_o$, vale a desigualdade

$$|f_n(x) - f_m(x)| < \varepsilon,$$

para todo $x \in X$.

Prova: Suponhamos que a sequência $(f_n)_n$ convirja uniformemente para a função $f(x)$. Assim, dado $\varepsilon > 0, \exists n_o \in \mathbb{N}$ tal que

$$|f_n(x) - f(x)| < \frac{\varepsilon}{2}, \forall n > n_o, \forall x \in X.$$

Então

$$
\begin{aligned}
|f_n(x) - f_m(x)| \quad &= |f_n(x) - f(x) + f(x) - f_m(x)| \leq \\
&\leq |f_n(x) - f(x)| + |f(x) - f_m(x)| < \\
&< \frac{\varepsilon}{2} + \frac{\varepsilon}{2} = \varepsilon, \forall x \in X \ e \ m, n > n_o
\end{aligned}
$$

e a sequência $(f_n(x))_n$ satisfaz a Condição de Cauchy.

Agora, suponhamos que vale o Critério de Cauchy para a convergência uniforme, isto é, $\forall \varepsilon > 0 \exists n_o = n_o(\varepsilon)$, tal que, $\forall n, m > n_o$, vale a desigualdade

$$|f_n(x) - f_m(x)| < \frac{\varepsilon}{2}, x \in X.$$

Se nesta desigualdade tomarmos o limite quando $m \to \infty$, obtemos para todo $x \in X$ e $\forall n(fixo) > n_o$

$$|f_n(x) - f(x)| \leq \frac{\varepsilon}{2} < \varepsilon,$$

pois para cada $x \in X$, de acordo com o Critério de Cauchy para sequências numéricas, existe o limite

$$\lim_{n\to\infty} f_n(x) = f(x).$$

Isto mostra que a sequência $(f_n(x))_n$ converge uniformemente em X. ∎

Já foi visto acima que a convergência pontual de sequências contínuas não garante a continuidade da função limite, mas se a convergência é uniforme, podemos ter certeza que a função limite é contínua, tal como garante o seguinte resultado.

Teorema 3.3 Se a sequência de funções contínuas $(f_n(x))_n$ converge uniformemente para a função $f(x)$ no intervalo $[a, b]$, então $f(x)$ é contínua em $[a, b]$.

Prova: Vamos mostrar que dado $\varepsilon > 0$, podemos encontrar um número $\delta > 0$, tal que para todo x e $x + \beta \in (a, b)$, com $|\beta| < \delta$, temos

$$|f(x + \beta) - f(x)| < \varepsilon.$$

Para qualquer n, podemos escrever

$$
\begin{aligned}
|f(x + \beta) - f(x)| \quad &= |f(x + \beta) - f_n(x + \beta) + f_n(x + \beta) - f_n(x) + f_n(x) - f(x)| \leq \\
&\leq |f(x + \beta) - f_n(x + \beta)| + |f_n(x + \beta) - f_n(x)| + |f_n(x) - f(x)|.
\end{aligned}
$$

Como a sequência converge uniformemente, podemos escolher um n suficientemente grande, tal que em todo o intervalo $[a, b]$, para $|\beta| < \delta$, tenhamos

$$|f(x + \beta) - f_n(x + \beta)| < \frac{\varepsilon}{3}, |f_n(x) - f(x)| < \frac{\varepsilon}{3},$$

$$|f_n(x + \beta) - f_n(x)| < \frac{\varepsilon}{3}.$$

Assim,

$$
\begin{aligned}
|f(x + \beta) - f(x)| \quad &= |f(x + \beta) - f_n(x + \beta) + f_n(x + \beta) - f_n(x) + f_n(x) - f(x)| \leq \\
&\leq |f(x + \beta) - f_n(x + \beta)| + |f_n(x + \beta) - f_n(x)| + |f_n(x) - f(x)| < \\
&< \frac{\varepsilon}{3} + \frac{\varepsilon}{3} + \frac{\varepsilon}{3} = \varepsilon. \qquad \blacksquare
\end{aligned}
$$

Exemplo 3.8 Seja $f_n(x) = x^n, x \in [0,1]$, o termo n-ésimo da sequência $(x^n)_n$.

Para $x \in [0,1)$, temos $\lim_{n \to \infty} x^n = 0$ e $f(x) = 0$. Se $x = 1$, $\lim_{n \to \infty} f_n(1) = f(1) = 1$. Assim, a convergência não é uniforme em $[0,1]$, pois apesar de que cada f_n é contínua neste intervalo, $f(x)$ é descontínua no ponto $x = 1$.

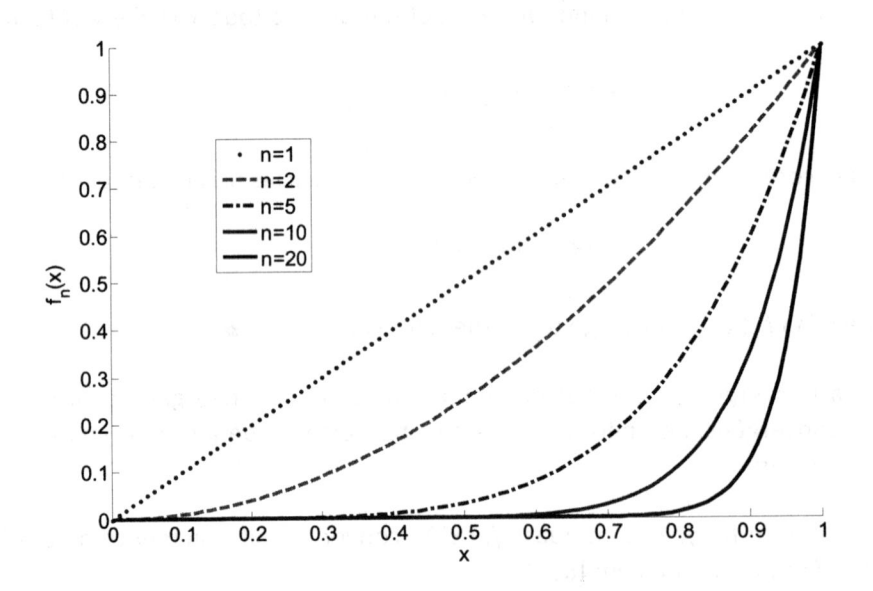

Figura 14: Gráficos das funções $f_n(x) = x^n, x \in [0, 1]$.

Teorema 3.4 Se a sequência de funções contínuas $(f_n(x))_n$ converge uniformemente para a função $f(x)$ no intervalo $[a, b]$, então

$$\int_{x_o}^{x} f_n(t)dt \to \int_{x_o}^{x} f(t)dt$$

uniformemente para qualquer $x_o, x \in [a, b]$ quando $n \to \infty$.

Prova: Pelo Teorema 3.3 a função limite $f(x)$ é contínua. Consideramos a seguinte expressão

$$\int_{x_o}^{x} [f(t) - f_n(t)]dt.$$

Pela convergência uniforme da sequência; dado $\varepsilon > 0$ encontra-se n_o, tal que para todo $n > n_o$ e em todo o intervalo $[a, b]$, temos

$$|f(x) - f_n(x)| < \frac{\varepsilon}{b - a},$$

e usando o fato de que $|\int_a^b \varphi(t)dt| \leq \int_a^b |\varphi(t)|dt$ [3], temos

$$|\int_{x_o}^{x} [f(t) - f_n(t)]dt| \leq \int_{x_o}^{x} |f(t) - f_n(t)|dt$$

$$< \int_{x_o}^{x} \frac{\varepsilon}{b - a} dt \leq (x - x_o)\frac{\varepsilon}{b - a}$$

$$\leq (b - a)\frac{\varepsilon}{b - a} = \varepsilon.$$

E isto implica

$$\left|\int_{x_o}^{x} f(t)dt - \int_{x_o}^{x} f_n(t)dt\right| < \varepsilon. \quad \blacksquare$$

Se a convergência da sequência não é uniforme, o Teorema 3.3 pode não ser aplicado. De fato, consideremos a sequência

$$(f_n(x))_n = (nxe^{-nx^2})_n, (0 \leq x \leq 1).$$

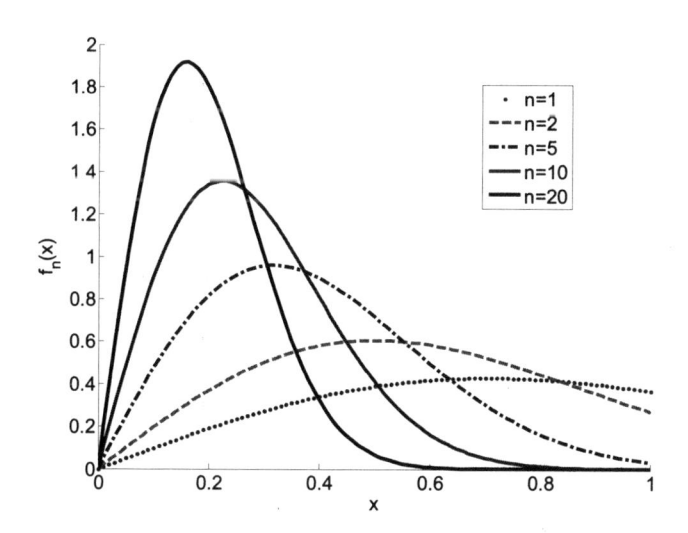

Figura 15: Gráficos das funções $f_n(x) = nxe^{-nx^2}$, $x \in [0, 1]$.

É fácil observar que $\lim_{n \to \infty} f_n(x) = 0$ para todo $x \in [0,1]$. Aqui $f(x) = 0$. No entanto, a convergência não é uniforme. Mostremos que existe um $x_o \in [0,1]$ tal que $f_n(x) \to \infty$ quando $n \to \infty$. Primeiramente, notamos que a sequência é diferenciável: $f_n'(x) = e^{-nx^2}(n - 2n^2x^2)$. $f_n'(x) = 0$ quando $x_o = \frac{1}{\sqrt{2n}}$, e

$$\lim_{n \to \infty} f_n\left(\frac{1}{\sqrt{2n}}\right) = +\infty.$$

Do outro lado, temos

$$\int_0^1 f_n(x)dx = n\int_0^1 xe^{-nx^2}dx = -\frac{1}{2}e^{-nx^2}|_0^1 = \frac{1}{2}(1 - e^{-n}) \to \frac{1}{2},$$

enquanto

$$\int_0^1 f(x)dx = 0.$$

Teorema 3.5 Se todos os termos da sequência $(f_n(x))_n$ são continuamente diferenciáveis em $[a,b]$ e convergem para $f(x)$ no intervalo $[a,b]$, e a sequência $(f_n'(x))_n$ converge uniformemente para $\varphi(x)$ em $[a,b]$, então $f(x)$ também é diferenciável em $[a,b]$ e

$$f'(x) = \varphi(x) = \lim_{n \to \infty} f_n'(x),$$

ou seja, é permitido a passagem do limite sob o sinal da derivada.

Prova: Pelo Teorema anterior temos

$$\lim_{n \to \infty} \int_{x_o}^x f_n'(t)dt = \int_{x_o}^x \varphi(t)dt.$$

Mas,

$$\int_{x_o}^x f_n'(t)dt = f_n(x) - f_n(x_o) \to f(x) - f(x_o),$$

e por isto, a fórmula anterior nos dá

$$f(x) - f(x_o) = \int_{x_o}^x \varphi(t)dt.$$

Derivando esta igualdade e usando uma propriedade conhecida da integral definida, obtemos

$$\frac{df(x)}{dx} = \varphi(x). \qquad \blacksquare$$

3.2 Séries de Funções

Consideremos agora séries de funções reais da forma $\sum_{k=1}^\infty u_k(x)$, onde seus termos são funções da variável x. A convergência das séries de funções reais num ponto, define-se de forma análoga a convergência de sequências de funções.

Definição 3.4 Dizemos que a série de funções

$$\sum_{k=1}^{\infty} u_k(x) = u_1(x) + u_2(x) + \cdots + u_n(x) + \cdots \qquad (30)$$

converge para a função $S(x)$ no conjunto X, se para cada $x \in X$ fixado e $S_n(x) = \sum_{k=1}^{n} u_k(x)$, tem-se

$$\lim_{n \to \infty} S_n(x) = S(x).$$

Da definição acima, caso a série de funções convirja em X, então podemos entender que dado $x_o \in X$, a série numérica

$$\sum_{k=1}^{\infty} u_k(x_o)$$

converge.

Definição 3.5 Dizemos que a série de funções (30) converge uniformemente para a função $S(x)$ no intervalo X, se a sua soma n-ésima $S_n(x) = \sum_{k=1}^{n} u_k(x)$, converge uniformemente para $S(x)$ em X.

$S(x)$ chama-se soma da série (30). Definimos o resto da série (30) como sendo

$$R_n(x) = \sum_{k=n+1}^{\infty} u_k(x).$$

Então $S(x) - S_n(x) = R_n(x)$ e a condição de $S_n(x)$ convergir uniformemente para $S(x)$ em X, é equivalente a condição de $R_n(x)$ convergir uniformemente para 0 em X.

Exemplo 3.9 Mostre que a série

$$\sum_{n=1}^{\infty} \frac{n}{1 + n^2 x^2} \tan \sqrt{\frac{x}{n}}$$

não converge uniformemente no intervalo $(0,1)$.

Para mostrar a afirmação acima, usemos o seguinte critério: A série

$$\sum_{n=1}^{\infty} u_n(x)$$

não converge uniformemente em X, se o termo geral $u_n(x)$ não converge uniformemente para 0, ou seja:

$$\exists\, \varepsilon^* > 0, \qquad \forall n_o\, \exists n \geq n_o, \qquad \exists x^* \in X \Rightarrow |u_n(x^*)| > \varepsilon^*.$$

Assim, tomemos $x^* = \frac{1}{n} \in (0,1), n > 1$, então

$$u_n(x^*) = u_n\left(\frac{1}{n}\right) = \frac{n}{1 + n^2 \frac{1}{n^2}} \tan\sqrt{\frac{\frac{1}{n}}{n}} =$$

$$= \frac{n}{2} \tan\sqrt{\frac{1}{n^2}} = \frac{n}{2} \tan\frac{1}{n} =$$

$$= \frac{n}{2} \frac{\operatorname{sen}\frac{1}{n}}{\cos\frac{1}{n}} = \frac{1}{2} \frac{1}{\cos\frac{1}{n}} \frac{\operatorname{sen}\frac{1}{n}}{\frac{1}{n}}.$$

Donde

$$\lim_{n\to\infty} u_n(x^*) = \frac{1}{2} \lim_{n\to\infty} \frac{1}{\cos\frac{1}{n}} \cdot \lim_{n\to\infty} \frac{\operatorname{sen}\frac{1}{n}}{\frac{1}{n}} = \frac{1}{2},$$

ou seja $\lim_{n\to\infty} u_n(x^*) \not\to 0$.

Neste exemplo podemos tomar $\varepsilon^* = \frac{1}{8}$: $|u_n(x^*)| > \varepsilon^*$.

Teorema 3.6 (Critério Majorante de Weierstrass) Se para a série de funções (30) existe a série majorante convergente $\sum_{k=1}^{\infty} a_k$, tal que

$$|u_k(x)| \leq a_k, \forall x \in X, \qquad k = 1,2,3, \ldots,$$

então a série (30) converge uniformemente em X.

Prova: Como a série $\sum_{k=1}^{\infty} a_k$ é convergente, então

$$\lim_{n\to\infty} \sigma_n = \sigma,$$

onde $\sigma_n = a_1 + a_2 + \cdots + a_n$. Assim

$$\sigma = \sigma_n + r_n,$$

onde $r_n = \sum_{k=n+1}^{\infty} a_k$ e $\lim_{n\to\infty} r_n = 0$.

Agora, escrevamos a soma da série de funções da seguinte forma

$$S(x) = S_n(x) + R_n(x),$$

onde $S_n(x) = u_1(x) + u_2(x) + \cdots + u_n(x)$ e $R_n(x) = u_{n+1}(x) + u_{n+2}(x) + u_{n+3}(x) + \cdots$. Para mostrar que a série de funções (30) converge uniformemente em X, precisamos mostrar que $\lim_{n\to\infty} R_n(x) = 0$. De fato, dado $\varepsilon > 0, \exists n_o \in \mathbb{N}$ tal que para $n > n_o$ temos $r_n < \varepsilon$. Assim:

$$|R_n(x)| = |u_{n+1}(x) + u_{n+2}(x) + u_{n+3}(x) + \cdots| \leq$$
$$\leq |u_{n+1}(x)| + |u_{n+2}(x)| + |u_{n+3}(x)| + \cdots \leq a_{n+1} + a_{n+2} + a_{n+3} + \cdots =$$
$$= r_n < \varepsilon,$$

ou seja, $|R_n(x)| = |S(x) - S_n(x)| < \varepsilon, \forall x \in X$ e $n > n_o$. O que prova a convergência uniforme de (30).

∎

Exemplo 3.10 Usemos o critério de Weierstrass para mostrar que a série

$$\sum_{n=1}^{\infty} \ln\left(1 + \frac{x}{n\sqrt[5]{n+2}}\right) \text{ converge uniformemente no intervalo } [0,5].$$

Como $\ln(1+x) < x, \forall x > 0$, temos

$$|\ln\left(1 + \frac{x}{n\sqrt[5]{n+2}}\right)| \leq \frac{x}{n\sqrt[5]{n+2}}$$
$$\leq \frac{5}{n\sqrt[5]{n+2}}$$
$$< \frac{5}{n\sqrt[5]{n}}$$
$$< \frac{5}{n^{6/5}}.$$

Como a série $\sum_{n=1}^{\infty} \frac{5}{n^{6/5}}$ converge (p-série com $p > 1$), então segue do critério de Weierstrass que a série $\sum_{n=1}^{\infty} \ln\left(1 + \frac{x}{n\sqrt[5]{n+2}}\right)$ converge uniformemente no intervalo $[0,5]$

Exemplo 3.11 As séries

$$\sum_{n=1}^{\infty} \frac{\text{sen } nx}{n^p}, \quad \sum_{n=1}^{\infty} \frac{\cos nx}{n^p} \quad com \quad p > 1$$

convergem uniformemente em $\mathbb{R}$.

De fato, como $|\text{sen } nx| \leq 1$ e $|\cos nx| \leq 1, \forall x \in \mathbb{R}$, temos

$$|\frac{\text{sen } nx}{n^p}| \leq \frac{1}{n^p}, \quad |\frac{\cos nx}{n^p}| \leq \frac{1}{n^p},$$

e a série $\sum_{n=1}^{\infty} \frac{1}{n^p}$ converge (p-série [3]).

Teorema 3.7 (Critério de Cauchy) A série de funções (30) converge uniformemente em X se, e somente se, $\forall \varepsilon > 0, \exists n_o = n_o(\varepsilon)$, tal que, $\forall n > n_o, \forall p \in \mathbb{N}$ a desigualdade

$$|S_{n+p}(x) - S_n(x)| < \varepsilon,$$

vale para todo $x \in X$.

Este Teorema praticamente é uma consequência do Critério de Cauchy para sequências de funções (Teorema 3.2), sendo, portanto, sua prova análoga ao citado teorema.

3.2.1 Propriedades da Convergência Uniforme

Teorema 3.8 Se todos os termos da série $\sum_{k=1}^{\infty} u_k(x)$ são contínuos em $[a,b]$ e a série converge uniformemente para a função $S(x)$ no intervalo $[a, b]$, então $S(x)$ é contínua em $[a, b]$.

Prova: Usando as notações introduzidas acima,

$$S(x) = S_n(x) + R_n(x), \forall n \in \mathbb{N}, \forall x \in X \tag{31}$$

E, em particular, para um $x_o \in X$

$$S(x_o) = S_n(x_o) + R_n(x_o), \tag{32}$$

obtemos

$$|S(x) - S(x_o)| \le |S_n(x) - S_n(x_o)| + |R_n(x)| + |R_n(x_o)|. \tag{33}$$

Dado $\varepsilon > 0$ qualquer, pela convergência uniforme da série, podemos fixar o número n, tal que

$$|R_n(x)| < \frac{\varepsilon}{3} \quad e \quad |R_n(x_o)| < \frac{\varepsilon}{3}. \tag{34}$$

Como $S_n(x)$ é a soma dos primeiros n termos $u_k(x)$, contínuos no ponto x_o, ela também é contínua neste ponto. Assim, dado $\varepsilon > 0$, encontramos $\delta > 0$, tal que $|x - x_o| < \delta$ implica em

$$|S_n(x) - S_n(x_o)| < \frac{\varepsilon}{3}, \tag{35}$$

e por (33), (34) e (35), obtemos

$$|S(x) - S(x_o)| \le |S_n(x) - S_n(x_o)| + |R_n(x)| + |R_n(x_o)| <$$
$$< \frac{\varepsilon}{3} + \frac{\varepsilon}{3} + \frac{\varepsilon}{3} = \varepsilon. \qquad \blacksquare$$

Teorema 3.9 Se todos os termos da série $\sum_{k=1}^{\infty} u_k(x)$ são contínuos em $[a, b]$ e a série converge uniformemente para a função $S(x)$ no intervalo $[a, b]$, então vale a igualdade

$$\int_a^b S(x)dx = \sum_{k=1}^{\infty} \int_a^b u_k(x)dx \ em \ [a, b]. \tag{36}$$

Prova: Como as funções $u_k(x)$ e $S(x)$ são contínuas, então podemos integrar a seguinte igualdade

$$S(x) = u_1(x) + u_2(x) + \cdots + u_n(x) + R_n(x)$$

no intervalo $[a, b]$

$$\int_a^b S(x)dx = \int_a^b u_1(x)dx + \int_a^b u_2(x)dx + \cdots + \int_a^b u_n(x)dx + \int_a^b R_n(x)dx.$$

Para mostrar (36), basta mostrar que

$$\lim_{n \to \infty} \int_a^b R_n(x)dx = 0. \tag{37}$$

Mas, como a série $\sum_{k=1}^{\infty} u_k(x)$ converge uniformemente, então para qualquer $\varepsilon > 0$, encontra-se um n_o, tal que para todo $n > n_o$, temos

$$|R_n(x)| < \frac{\varepsilon}{b - a}, \forall x \in [a, b].$$

Desta forma

$$\left|\int_a^b R_n(x)dx\right| \le \int_a^b |R_n(x)|dx < \int_a^b \frac{\varepsilon}{b-a}dx = \varepsilon,$$

o que mostra o limite em (37). ∎

Teorema 3.10 Se todos os termos da série $\sum_{k=1}^\infty u_k(x)$ são continuamente diferenciáveis em $[a,b]$ e a série converge no ponto $c \in [a,b]$ e além disto, a série das derivadas

$$\sigma(x) = \sum_{k=1}^\infty u_k'(x)$$

converge uniformemente em $[a,b]$, então a série converge uniformemente e sua soma $S(x)$ é diferenciável no intervalo $[a,b]$, e

$$,S'(x) = \sigma(x) = \sum_{k=1}^\infty u_k'(x)$$

ou seja, a série (30) pode ser derivada termo a termo.

Prova: Seja $S_n(x) = \sum_{k=1}^n u_k(x)$. Pelo Teorema 3.7 a função $\sigma(x) = \sum_{k=1}^\infty u_k'(x)$ é contínua em $[a,b]$. Pelo Teorema 3.8 e pela fórmula de Newton-Leibniz, temos

$$\sum_{k=1}^n u_k(x) - \sum_{k=1}^n u_k(c) = \int_c^x \sum_{k=1}^n u_k'(x)dx \to \int_c^x \sigma(t)dt. \qquad (38)$$

A série numérica $\sum_{k=1}^n u_k(c)$ pode ser considerada como uma série funcional uniformemente convergente em $[a,b]$. Então a série $\sum_{k=1}^n u_k(x)$ converge uniformemente em $[a,b]$ para $S(x) = \sum_{k=1}^\infty u_k(x)$.

Passando ao limite da igualdade (38)

$$\lim_{n\to\infty}\left(\sum_{k=1}^n u_k(x) - \sum_{k=1}^n u_k(c)\right) = \lim_{n\to\infty}\int_c^x \sum_{k=1}^n u_k'(x)$$

$$\sum_{k=1}^\infty u_k(x) - \sum_{k=1}^\infty u_k(c) = \int_c^x \sigma(t)dt \,\forall x \in [a,b].$$

Como a integral $\int_c^x \sigma(t)dt$ depende do limite de integração superior e da função contínua $\sigma(t)$, então ela é diferenciável. E por isto, a parte esquerda, ou seja, a função S também é diferenciável. Derivando a igualdade obtemos

$$S'(x) = \sigma(x)\,\forall x \in [a,b]. \qquad \blacksquare$$

Exemplo 3.12 Mostremos que a série

$$\sum_{n=1}^{\infty} \frac{\operatorname{sen} nx}{n^4}$$

possui derivadas contínuas no intervalo $(-\infty, +\infty)$. Primeiramente observamos que todos os termos da série são continuamente diferenciáveis no intervalo $(-\infty, +\infty)$ e a série converge (uniformemente) neste intervalo pelo critério de Weierstrass. Também a série

$$\sum_{n=1}^{\infty} \frac{\cos nx}{n^3}$$

converge uniformemente no intervalo $(-\infty, +\infty)$ pelo mesmo critério de Weierstrass. Então pelo Teorema 3.10

$$\frac{d}{dx}\left(\sum_{n=1}^{\infty} \frac{\operatorname{sen} nx}{n^4}\right) = \sum_{n=1}^{\infty} \frac{d}{dx}\left(\frac{\operatorname{sen} nx}{n^4}\right) = \sum_{n=1}^{\infty} \frac{\cos nx}{n^3}.$$

3.3 Exercícios do Capítulo 3

1. Analisar a convergência uniforme das sequências nos intervalos indicados:

    (a) $f_n(x) = x^n$

      i. $0 \leq x \leq \frac{1}{2}$;

      ii. $0 \leq x \leq 1$

    (b) $f_n(x) = x^n - x^{n+1}; 0 \leq x \leq 1$

    (c) $\frac{x^n}{1+x^n}; 0 \leq x \leq 1$

    (d) $\frac{nx}{1+n+x}; 0 \leq x \leq 1$

    (e) $\frac{\operatorname{sen} nx}{n}; -\infty < x < \infty$

    (f) $\arctan nx; 0 < x < +\infty$

    (g) $x \arctan nx; 0 < x < +\infty$

    (h) $f_n(x) = \left(1 + \frac{x}{n}\right)^n$

      i. no intervalo finito (a, b);

      ii. no intervalo $(-\infty, +\infty)$

      iii. $\frac{1}{x+n}; 0 < x < +\infty$

2. Analisar o tipo de convergência das seguintes séries:

    (a) $\sum_{n=0}^{\infty} x^n$ nos intervalos
      i. $|x| < q$, onde $q < 1$;

      ii. $|x| < 1$

    (b) $\sum_{n=1}^{\infty} \frac{x^n}{n^2}$ no intervalo $-1 \leq x \leq 1$;

    (c) $\sum_{n=1}^{\infty} \frac{x^n}{n!}$ no intervalo $(0, +\infty)$;

    (d) $\sum_{n=0}^{\infty} (1 - x)x^n$ no intervalo $0 \leq x \leq 1$;

    (e) $\sum_{n=1}^{\infty} \frac{1}{(x+n)(x+n+1)}$ no intervalo $0 < x < +\infty$.

3. Encontre o domínio de convergência das seguintes séries

(a) $\sum_{n=1}^{\infty} \frac{(-1)^n}{n^x}$;

(b) $\sum_{n=1}^{\infty} (nx)^x$;

(c) $\sum_{n=1}^{\infty} ne^{-nx}$;

(d) $\sum_{n=1}^{\infty} \frac{n^2}{x^n}$;

(e) $\sum_{n=1}^{\infty} \frac{1}{n^{\ln x}}$;

(f) $\sum_{n=1}^{\infty} \frac{x^n}{1-x^n}$;

(g) $\sum_{n=1}^{\infty} \left(\frac{n}{2}\right)^x$;

(h) $\sum_{n=1}^{\infty} \frac{n!}{x^n}$;

(i) $\sum_{n=1}^{\infty} \frac{n^n}{x^{n^n}}$;

(j) $\sum_{n=1}^{\infty} x^n$.

4. Use o Critério de Weierstrass para mostrar a convergência uniforme das seguintes séries nos respectivos intervalos indicados:

(a) $\sum_{n=1}^{\infty} \frac{1}{x^2+n^2}, -\infty < x < +\infty$;

(b) $\sum_{n=1}^{\infty} \frac{(-1)^n}{x+2^n}, -2 < x <= \infty$;

(c) $\sum_{n=1}^{\infty} \frac{\operatorname{sen} nx}{\sqrt[3]{n^4+x^4}}, |x| < +\infty$;

(d) $\sum_{n=1}^{\infty} x^2 e^{-nx}, 0 \le x < +\infty$;

(e) $\sum_{n=1}^{\infty} \frac{n^2}{\sqrt{n!}}(x^n + x^{-n}), \frac{1}{2} \le x \le 2$;

(f) $\sum_{n=1}^{\infty} \frac{\operatorname{sen} nx}{n\sqrt{n}}, |x| < +\infty$;

(g) $\sum_{n=2}^{\infty} \ln\left(1 + \frac{x^2}{n\ln^2 n}\right), |x| < a$.

5. Analisar a convergência uniforme das séries de funções nos intervalos indicados:

(a) $\sum_{n=1}^{\infty} \frac{\operatorname{sen} nx}{n}$

  i. $\varepsilon \le x \le 2\pi - \varepsilon$ com $\varepsilon > 0$;

ii. $0 \leq x \leq 2\pi$

(b) $\sum_{n=1}^{\infty} 2^n \operatorname{sen} \dfrac{1}{3^n x}, 0 < x < +\infty$;

(c) $\sum_{n=1}^{\infty} \dfrac{(-1)^n}{x+n}, 0 < x < +\infty$;

(d) $\sum_{n=2}^{\infty} \dfrac{(-1)^n}{n+\operatorname{sen} x}, 0 \leq x \leq 2\pi$;

(e) $\sum_{n=1}^{\infty} \dfrac{\cos \frac{2n\pi}{3}}{\sqrt{n^2+e^x}}, -\infty < x < +\infty$.

Capítulo 4

Séries de Potências

4.1 Noções Básicas

Já vimos no capítulo 2, que as séries numéricas e suas somas são uma forma diferente de analisar as sequências numéricas e seu limite. Vamos considerar agora as séries, cujos termos são funções da variável x, especificamente, uma combinação de funções de potências.

Assim, chamamos série de potências em $(x - x_o)$ ou série de potências na vizinhança do ponto x_o a seguinte série

$$\sum_{n=0}^{\infty} a_n(x - x_o)^n = a_0 + a_1(x - x_o) + a_2(x - x_o)^2 + a_3(x - x_o)^3 + \cdots \qquad (39)$$

onde $a_o, a_1, a_2, \dots, a_n, \dots$ são constantes.

Escrevendo $y = x - x_o$ podemos escrever a série (39) na seguinte forma mais simples:
$$\sum_{n=0}^{\infty} a_n y^n = a_0 + a_1 y + a_2 y^2 + a_3 y^3 + \cdots \qquad (40)$$

Por isso, vamos analisar as séries somente da forma (40).

A seguir, vamos introduzir a noção de convergência da série (40). Para isto, denotamos por $S_n(x)$ a soma n-ésima da série (40), definida por

$$S_n(x) = a_0 + a_1 x + a_2 x^2 + a_3 x^3 + \cdots + a_{n-1} x^{n-1}. \qquad (41)$$

Diz-se que a série (40) converge, se existe uma função $S(x)$ chamada de soma que depende de x, e tal que

$$\lim_{n \to \infty} S_n(x) = S(x). \qquad (42)$$

Obviamente, estamos interessados em saber do conjunto dos valores de x, para os quais, vale (42), e por conseguinte a convergência da série (40). Em outras palavras, precisamos encontrar um conjunto $I \subset \mathbb{R}$, onde as séries do tipo (40) convirjam.

Teorema 4.1(Abel)[1] Se a série (40) converge para um $x = x_o$, então ela converge absolutamente para todos x, tais que
$$|x| < |x_o|.$$
De outro lado, se a série diverge quando $x = x_o$, então a série diverge para todos x, tais que
$$|x| > |x_o|.$$

Prova: Por hipótese
$$a_0 + a_1 x_o + a_2 x_o^2 + a_3 x_o^3 + \cdots + a_{n-1} x_o^{n-1} + \cdots$$

converge, então $\lim_{n \to \infty} a_n x_o^n = 0$, e por isto a sequência $(a_n x_o^n)_n$ é limitada:

$$|a_n x_o^n| \le L, n = 0, 1, 2, 3, \dots$$

---

[1] Niels Henrik Abel, grande matemático norueguês (1802-1829)

Considerando o n-ésimo termo da série (40), obtemos

$$|a_n x^n| = |a_n x_o^n . \frac{x^n}{x_o^n}| = |a_n x_o^n| . |\frac{x}{x_o}|^n \le L|\frac{x}{x_o}|^n.$$

Como $|\frac{x}{x_o}|^n < 1$, a série $\sum_{n=0}^{\infty} L|\frac{x}{x_o}|^n$ converge, logo, pelo critério de Comparação, segue que série

$$\sum_{n=0}^{\infty} |a_n x^n|$$

também converge e, portanto, a série (40) converge absolutamente.

Agora, se a série (40)

$$a_0 + a_1 x_o + a_2 x_o^2 + a_3 x_o^3 + \cdots + a_{n-1} x_o^{n-1} + \cdots$$

diverge quando $x = x_o$, então $\lim_{n \to \infty} a_n x_o^n \not\to 0$, e por isto, fixado $L > 0$

$$|a_n x_o^n| \ge L, \ para \ n \ suficientemente \ grande.$$

Assim,

$$|a_n x^n| = |a_n x_o^n \frac{x^n}{x_o^n}| = |a_n x_o^n| \left|\frac{x}{x_o}\right|^n \ge L\left|\frac{x}{x_o}\right|^n.$$

Como $|\frac{x}{x_o}|^n > 1$, a série $\sum_{n=0}^{\infty} L|\frac{x}{x_o}|^n$ diverge, logo pelo critério de Comparação, segue que a série

$$\sum_{n=0}^{\infty} |a_n x^n|$$

também diverge e, portanto, a série (40) diverge. ∎

Definição 4.1 O número $R \ge 0$ (R-número ou o símbolo ∞), tal que, para todo x com $|x| < R$, a série (40) converge, e para todo x com $|x| > R$, a série (40) diverge, chama-se raio de convergência da série (40).

Observamos que se $r < R$, então a série (40) converge uniformemente. De fato, se $x = r$, obtemos a série

$$\sum_{n=0}^{\infty} |a_n| r^n = |a_0| + |a_1| r + |a_2| r^2 + |a_3| r^3 + \cdots + |a_{n-1}| r^{n-1} + \cdots \tag{43}$$

absolutamente convergente. Para $|x| \le r$, os módulos dos termos da série (40) são menores que os correspondentes termos da série (43), e, portanto, pelo Critério Majorante de Weierstrass, a série (40) converge uniformemente no intervalo $[-r, r] \subset (-R, R)$.

Um resultado importante que nos permitirá encontrar o raio de convergência de uma série de potências é dado pelo seguinte teorema [1], [8].

Teorema 4.2 Uma série de potências da forma (40) é convergente apenas para $x = 0$ ou é convergente(absolutamente) quando $|x| < R$ e divergente quando $|x| > R$, em que o número R-raio de convergência, pode ser encontrado pelas seguintes fórmulas

$$R = \frac{1}{\limsup\limits_{n \to \infty} |a_n|^{1/n}} \; ou$$

$$R = \lim\limits_{n \to \infty} |\frac{a_n}{a_{n+1}}|.$$

Aqui, $\limsup\limits_{n \to \infty} |a_n|^{1/n}$ indica o maior valor de aderência da sequência limitada $|a_n|^{1/n}$. A primeira fórmula é conhecida como Fórmula de Cauchy[2]-Hadamar[3].

Nas fórmulas acima, para analisar a convergência da série nos pontos extremos (fronteira) $x = \pm R$ é necessário um estudo adicional.

Exemplo 4.1 Encontre o intervalo de convergência da seguinte série

$$\sum_{n=0}^{\infty} \frac{n^2 x^n}{3^n}.$$

Aqui, $a_n = \frac{n^2}{3^n}$ e $a_{n+1} = \frac{(n+1)^2}{3^{n+1}}$. Vamos aplicar a segunda fórmula do Teorema 4.2:

$$R = \lim\limits_{n \to \infty} |\frac{a_n}{a_{n+1}}| = \lim\limits_{n \to \infty} |\frac{\frac{n^2}{3^n}}{\frac{(n+1)^2}{3^{n+1}}}| =$$

$$= \lim\limits_{n \to \infty} |\frac{n^2 3^{n+1}}{(n+1)^2 3^n}| = 3.$$

Assim, o intervalo de convergência é $-3 < x < 3$. Agora analisemos a convergência nos pontos fronteira: $x = \pm 3$.

Quando $x - \pm 3$ a série transforma-se em $\sum_{n=0}^{\infty} (\pm 1)^n n^2$. Ambas as séries divergem, pois seus termos n-ésimos não tendem a zero.

Exemplo 4.2 Analise a convergência da seguinte série

$$\sum_{n=1}^{\infty} \left(1 + \frac{1}{n}\right)^{n^2} x^n.$$

Pela fórmula de Cauchy-Hadamard encontramos o raio de convergência

[2] Augustin-Louis Cauchy, grande matemático francês (1789-1857)
[3] Jacques Salomon Hadamard, matemático francês, (1865-1963)

$$R = \cfrac{1}{\limsup_{n \to \infty} |\left(1 + \frac{1}{n}\right)^{n^2}|^{1/n}} =$$

$$= \cfrac{1}{\lim_{n \to \infty} \left(1 + \frac{1}{n}\right)^{n}} = \frac{1}{e}.$$

Portanto, a série converge quando $|x| < \frac{1}{e}$. Agora analisemos a convergência nos pontos fronteira $x = \pm\frac{1}{e}$. Quando $x = \frac{1}{e}$, obtemos a seguinte série numérica

$$\sum_{n=1}^{\infty} \left(1 + \frac{1}{n}\right)^{n^2} \frac{1}{e^n}.$$

Vamos mostrar que o termo geral $a_n = \left(1 + \frac{1}{n}\right)^{n^2} \frac{1}{e^n}$ não tende para zero quando $n \to \infty$. De fato

$$a_n = \left(1 + \frac{1}{n}\right)^{n^2} \frac{1}{e^n} = \left(1 + \frac{1}{n}\right)^{n^2} e^{-n} =$$

$$= e^{\ln(1+\frac{1}{n})^{n^2}} \cdot e^{-n} = e^{n^2\ln(1+\frac{1}{n})} \cdot e^{-n} =$$

$$= e^{n^2\ln(1+\frac{1}{n})-n} = e^{n^2(\frac{1}{n}-\frac{1}{2n^2}+\frac{1}{3!n^3}+\cdots)-n} =$$

$$= e^{n-\frac{1}{2}+\frac{1}{3!n}+\cdots-n} = e^{-\frac{1}{2}+\frac{1}{3!n}+\cdots}.$$

Assim,

$$\lim_{n \to \infty} a_n = \lim_{n \to \infty} e^{-\frac{1}{2}+\frac{1}{3!}n+\cdots} = e^{-\frac{1}{2}}.$$

Analogamente mostra-se que a série diverge se $x = -\frac{1}{e}$.

Exemplo 4.3 Determine o raio de convergência e analise o comportamento nos pontos de fronteira do intervalo de convergência das seguintes séries:

1. $\sum_{n=1}^{\infty} \frac{4^n+(-3)^n}{n}(x+1)^n$.

2. $\sum_{n=1}^{\infty} \frac{(n!)^2}{(2n)!}x^n$.

1. Pela fórmula de Cauchy-Hadamard temos:

$$R = \cfrac{1}{\limsup\limits_{n\to\infty} \sqrt[n]{\left|\dfrac{4^n + (-3)^n}{n}\right|}} =$$

$$= \cfrac{1}{\lim\limits_{k\to\infty} \sqrt[2k]{\left|\dfrac{4^{2k} + (-3)^{2k}}{2k}\right|}} =$$

$$= \cfrac{1}{\lim\limits_{k\to\infty} \sqrt[2k]{\dfrac{16^k + (9)^k}{2k}}} =$$

$$= \frac{1}{4},$$

e por isto, a série converge absolutamente quando $-\frac{1}{4} < x + 1 < \frac{1}{4}$, ou seja, quando

$$-\frac{5}{4} < x < -\frac{3}{4}.$$

Analisemos o comportamento da série nos pontos de fronteira. Quando $x = -\frac{5}{4}$, não é difícil ver que a série

$$\sum_{n=1}^{\infty} \frac{4^n + (-3)^n}{n} \frac{(-1)^n}{4^n} = \sum_{n=1}^{\infty} \left(\frac{(-1)^n}{n} + \frac{1}{n}\left(\frac{3}{4}\right)^n \right)$$

converge, pois é a soma de duas séries convergentes.

Quando $x = -\frac{3}{4}$, obtemos a série

$$\sum_{n=1}^{\infty} \frac{4^n + (-3)^n}{n} \frac{1}{4^n}$$

que diverge pelo critério de comparação, pois

$$\lim_{n\to\infty} \frac{\dfrac{4^n + (-3)^n}{n} \dfrac{1}{4^n}}{\dfrac{1}{n}} = 1$$

e a série Harmônica $\sum_{n=1}^{\infty} \frac{1}{n}$ diverge.

2. Pela segunda fórmula do Teorema 4.2 temos

$$R = \lim_{n\to\infty} \left| \frac{a_n}{a_{n+1}} \right| = \lim_{n\to\infty} \frac{(n!)^2 (2n+2)!}{(2n)! \, ((n+1)!)^2} = \lim_{n\to\infty} \frac{(2n+1)(2n+2)}{(n+1)^2} = 4$$

e por isto a série converge absolutamente quando $|x| < 4$.

Quando $x = 4$, obtemos a série numérica

$$\sum_{n=1}^{\infty} \frac{(n!)^2}{(2n)!} 4^n,$$

que diverge, pois seu termo geral $a_n \nrightarrow 0$. De fato, se analisarmos a razão $\frac{a_n}{a_{n+1}}$ obtemos

$$\frac{a_n}{a_{n+1}} = 1 - \frac{1}{2n} + \frac{1}{2n(n+1)}$$

donde segue que $a_n < a_{n+1}$, ou seja, a sequência $(a_n)_n$ é monótona crescente.

Analogamente, se analisarmos a série para $x = -4$, concluimos que a série diverge.

As fórmulas do Teorema 4.2 não podem ser aplicadas a séries de potências que contenham somente expoentes pares nem a séries que contenham somente expoentes ímpares e nem a séries que contenham infinitos coeficientes nulos. Para estes casos, devemos aplicar os critérios da razão de D'alambert e/ou critério da raiz de Cauchy.

Assim, podemos encontrar o raio de convergência ou o intervalo de convergência da série descrita no Teorema 4.2 se aplicarmos o critério da raiz e/ou critério da razão a seguinte série:

$$\sum_{n=0}^{\infty} |a_n x^n| = |a_0| + |a_1||x| + |a_2||x^2| + |a_3||x^3| + \cdots$$

Cabe notar que R definido no Teorema 4.2, também pode ser: $R = 0$ ou $R = \infty$. Se $R = 0$, então a série (40) diverge para qualquer valor de x. Se $R = \infty$, então a série (40) converge para todo x.

Nos pontos onde $x = \pm R$, precisamos fazer uma análise em separado para concluir se a série converge ou diverge nesses pontos.

Exemplo 4.4 Encontre o intervalo de convergência da seguinte série

$$\sum_{n=1}^{\infty} \frac{4^{n-1} x^{2n-1}}{(4n-3)^2}.$$

Aplicando o critério da razão a série

$$\sum_{n=1}^{\infty} |\frac{4^{n-1} x^{2n-1}}{(4n-3)^2}|,$$

obtemos

$$\lim_{n\to\infty} |\frac{4^{(n+1)-1} x^{2(n+1)-1}}{(4(n+1)-3)^2} / \frac{4^{n-1} x^{2n-1}}{(4n-3)^2}| = \lim_{n\to\infty} \frac{(4n-3)^2 4|x|^2}{(4n+1)^2} = 4|x|^2.$$

Segundo o critério da razão, a série converge, se o limite é menor que 1. Então

$$4|x|^2 < 1 \Rightarrow \frac{-1}{2} < x < \frac{1}{2},$$

donde segue que o raio de convergência é $R = 1/2$. Agora analisemos nossa série nos pontos $x = \pm 1/2$.

Quando $x = 1/2$, obtemos a seguinte série numérica

$$\sum_{n=1}^{\infty} \frac{4^{n-1}\left(\frac{1}{2}\right)^{2n-1}}{(4n-3)^2} = \sum_{n=1}^{\infty} \frac{1}{2(4n-3)^2},$$

que claramente converge.

Quando $x = -1/2$, obtemos a seguinte série numérica

$$\sum_{n=1}^{\infty} \frac{4^{n-1}(-1)^{(2n-1)}\left(\frac{1}{2}\right)^{2n-1}}{(4n-3)^2} = \sum_{n=1}^{\infty} \frac{(-1)^{(2n-1)}}{2(4n-3)^2},$$

que converge, por ser uma série alternada e satisfazer as condições do critério de Leibniz.

Assim, podemos dizer que a série $\sum_{n=1}^{\infty} \frac{4^{n-1}x^{2n-1}}{(4n-3)^2}$ converge absolutamente quando

$$\frac{-1}{2} \le x \le \frac{1}{2}.$$

Exemplo 4.5 Analise a convergência da seguinte série

$$\sum_{n=1}^{\infty} 3^{n^2} x^{n^2} = 3x + 3^4 x^4 + 3^9 x^9 + \cdots.$$

Claramente observa-se que os infinitos coeficientes

$$a_2 = a_3 = a_5 = a_6 = a_7 = \cdots = a_{n \ne m^2} = \cdots = 0.$$

Portanto, não podemos usar as fórmulas do Teorema 4.2.

Usando o critério da raiz de Cauchy, obtemos

$$L = \lim_{n \to \infty} \sqrt[n]{|3^{n^2} x^{n^2}|} = \lim_{n \to \infty} |3x|^n =$$

$$= \begin{cases} \infty & se\ |3x| > 1\ ou\ |x| > \dfrac{1}{3} \\ 1 & se\ |3x| = 1\ ou\ |x| = \dfrac{1}{3} \\ 0 & se\ |3x| < 1\ ou\ |x| < \dfrac{1}{3} \end{cases}$$

Assim, a série converge no intervalo $-\frac{1}{3} < x < \frac{1}{3}$.

Nos pontos fronteira $x = \pm\frac{1}{3}$ a série diverge, pois os termos n-ésimos das séries obtidas

$$\sum_{n=1}^{\infty} 1 \ e \ \sum_{n=1}^{\infty} (-1)^{n^2}$$

não tendem a zero.

4.2 Convergência Uniforme

Pela própria definição de limite para séries de potências (40), temos para um x fixo, dado um $\varepsilon > 0$ arbitrário, existe n_o, tal que para todo $n > n_o$, vale (42). Mas se tomamos outro x, pode acontecer de o número n_o encontrado acima não sirva mais para o tal ε dado. Surge então a questão: para um $\varepsilon > 0$ dado, existe um único número n_o, tal que a igualdade (42) seja verdadeira para todas as somas n-ésimas (41)?

Definamos para a série convergente (40) o resto, como sendo

$$R_n(x) = \sum_{k=n+1}^{\infty} a_k x^k = S(x) - S_n(x).$$

Definição 4.2 A série (40) converge uniformemente no intervalo I, se para cada $\varepsilon > 0$, existe um n_o que não depende de x, tal que, para todo $n > n_o$ cumprem-se

$$|S_n(x) - S(x)| < \varepsilon, \ ou \ |R_n(x)| < \varepsilon, \ para \ todo \ x \in I. \tag{44}$$

Para verificar a convergência uniforme de uma série, não é muito prático usar esta definição, pois ela envolve técnicas muita elaboradas.

Exemplo 4.6 Mostremos que a série
$$1 + x + x^2 + \cdots + x^n + \cdots \tag{45}$$

não converge uniformemente no intervalo $(-1,1)$, porém é uniformemente convergente em qualquer subintervalo interior de $(-1,1)$.

De fato, a série $1 + x + x^2 + \cdots + x^n + \cdots$ pode-se entender como uma série geométrica convergente cuja razão é $|x| < 1$:

$$1 + x + x^2 + \cdots + x^n + R_n(x),$$

onde $R_n(x) = x^{n+1} + x^{n+2} + \cdots = \frac{x^{n+1}}{1-x}$.

Seja $q < 1$, então $(-q, q) \subset (-1,1)$. Consideremos $x \in (-q, q)$. Neste caso $|x| < q$ e $|1 - x| > 1 - q$, e portanto

$$|R_n(x)| = \left|\frac{x^{n+1}}{1-x}\right| = \frac{|x^{n+1}|}{|1-x|} < \frac{q^n}{1-q}.$$

Da definição acima, a série (45) converge uniformemente no intervalo $(-q, q)$, se para cada $\varepsilon > 0$, existe um n_o que não depende de x, tal que, para todo $n > n_o$ cumpre-se

$$|R_n(x)| < \varepsilon, \qquad para \ todo \ x \in (-q, q):$$

$\frac{q^n}{1-q} < \varepsilon$, donde $q^n < (1 - q)\varepsilon$. Tomando logaritmo: $n\ln q < \ln(1 - q)\varepsilon$. Daqui, $n > \frac{\ln(1-q)\varepsilon}{\ln q}$, pois $\ln q < 0$.

Podemos tomar $n_o = \left[\frac{\ln(1-q)\varepsilon}{\ln q}\right] - parte\ inteira\ de\ x$. Assim para todo $n > n_o$, verificamos que $|R_n(x)| < \varepsilon \, \forall \, x \in (-q, q)$ e, portanto, a série converge uniformemente no intervalo $(-q, q)$.

Agora, tomando todo o intervalo $(-1,1)$, podemos considerar os pontos próximos de $x = 1$ e

$$\lim_{n\to\infty} R_n(x) = \lim_{n\to\infty} \frac{x^{n+1}}{1-x} = +\infty.$$

Isto significa que é impossível escolher n_o, tal que para todo $n > n_o$ cumpra-se $|R_n(x)| < \varepsilon$ em todos os pontos do intervalo $(-1,1)$ e, portanto, a série não converge uniformemente em $(-1,1)$.

Em muitos casos, é mais cômodo usar o critério de Weierstrass[4] para analisar a convergência de séries de potências. Na verdade, o seguinte teorema é uma readaptação do Teorema 3.6 (Critério Majorante de Weierstrass).

Teorema 4.3 (Weierstrass) Se os termos da série (40) satisfazem no intervalo I compacto, contido no intervalo de convergência $(-R, R)$, a condição:

$$|a_n x^n| \leq \alpha_n, n = 0,1,2, \ldots, \tag{46}$$

onde os α_n, são os termos de uma série numérica convergente:

$$\sum_{n=1}^{\infty} \alpha_n < \infty, \tag{47}$$

então a série (40) converge uniformemente em I.

Prova: Para mostrar o teorema, basta verificar (44). De fato,

$$|a_{n+1}x^{n+1} + a_{n+2}x^{n+2} + a_{n+3}x^{n+3} + \cdots + a_{n+m}x^{n+m}| \leq$$
$$\leq |a_{n+1}x^{n+1}| + |a_{n+2}x^{n+2}| + |a_{n+3}x^{n+3}| + \cdots + |a_{n+m}x^{n+m}| \leq$$
$$\leq \alpha_{n+1} + \alpha_{n+2} + \alpha_{n+3} + \cdots + \alpha_{n+m},$$

vale para todo $x \in I$. Como a série (47) converge, ou seja, para qualquer $\varepsilon > 0$ encontra-se n_o, tal que para todo $n > n_o$, temos $\alpha_{n+1} + \alpha_{n+2} + \alpha_{n+3} + \cdots + \alpha_{n+m} < \varepsilon$, e portanto

$$|a_{n+1}x^{n+1} + a_{n+2}x^{n+2} + a_{n+3}x^{n+3} + \cdots + a_{n+m}x^{n+m}| < \varepsilon, \ para\ todo\ x \in I. \blacksquare$$

Exemplo 4.7 Mostremos que a série

$$1 + x + x^2 + \cdots + x^n + \cdots$$

do exemplo anterior, converge uniformemente em qualquer subintervalo anterior de $(-1,1)$. Seja $q < 1$, então $q^n < 1$. Segue daí que a série geométrica $\sum_{n=0}^{\infty} q^n$ converge. Também

$$|x^n| < q^n, \forall x \in (-q, q), \qquad n = 1,2,3, \ldots$$

E, portanto, pelo Teorema 4.3 a série converge uniformemente no intervalo $(-q, q)$.

---

[4] Karl Wilhelm Theodor Weierstrass (1876 - 1934), matemático alemão.

4.2.1 Derivação e Integração de Séries de Potências

Pelo Teorema 4.2, a série (40) converge absoluta e uniformemente em qualquer intervalo compacto I contido no intervalo de convergência. Neste intervalo I podemos derivar e integrar a série termo a termo, ou seja, vale o seguinte

Teorema 4.4 Seja R o raio de convergência da série (40), então em qualquer intervalo (a, b), tal que $-R < a < b < R$, a série (40) converge uniformemente e podemos derivar e integrar a série termo a termo,

$$S'(x) = \left(\sum_{n=0}^{\infty} a_n x^n \right)' = \sum_{n=0}^{\infty} (a_n x^n)' = \sum_{n=0}^{\infty} n a_n x^{n-1},$$

e

$$\int_a^b S(x)dx = \int_a^b \sum_{n=0}^{\infty} a_n x^n dx = \sum_{n=0}^{\infty} \int_a^b a_n x^n dx = \sum_{n=0}^{\infty} a_n \frac{x^{n+1}}{n+1} |_a^b = \sum_{n=0}^{\infty} \frac{a_n}{n+1}(b^{n+1} - a^{n+1}),$$

e além disto, as séries obtidas possuem o mesmo raio de convergência R.

Escrevamos novamente a série (40)

$$a_o + a_1 x + a_2 x^2 + \cdots a_n x^n + \cdots$$

Por hipótese, a série converge uniformemente em qualquer intervalo (a, b) contido em $(-R, R)$, e pelos Teoremas 3.9 e 3.8 podemos derivá-la e integrá-la. Assim para $|x| < R$, derivamos e integramos a série (40) no intervalo $(0, x)$:

$$a_1 + 2a_2 x + \cdots n a_n x^{n-1} + \cdots \tag{48}$$

$$a_o x + \frac{a_1}{2} x^2 + \frac{a_2}{3} x^3 + \cdots \frac{a_n}{n+1} x^{n+1} + \cdots \tag{49}$$

Pelo Teorema 4.2 e usando o fato que $\lim_{n\to\infty} \sqrt[n]{n} = 1$, facilmente calculamos os raios de convergência da série (48):

$$\frac{1}{\limsup_{n\to\infty}|na_n|^{1/n}} = \frac{1}{\limsup_{n\to\infty} \sqrt[n]{n}|a_n|^{1/n}} = \frac{1}{\limsup_{n\to\infty}|a_n|^{1/n}} = R \ ou$$

$$\lim_{n\to\infty}|\frac{na_n}{(n+1)a_{n+1}}| = \lim_{n\to\infty}|\frac{n}{n+1}\frac{a_n}{a_{n+1}}| = \lim_{n\to\infty}\frac{n}{n+1}\lim_{n\to\infty}|\frac{a_n}{a_{n+1}}| = R.$$

e da série (49):

$$\frac{1}{\limsup_{n\to\infty}|\frac{a_n}{n+1}|^{1/n}} = \frac{1}{\limsup_{n\to\infty}(\frac{1}{n+1})^{1/n}|a_n|^{1/n}} = \frac{1}{\limsup_{n\to\infty}|a_n|^{1/n}} = R \ ou$$

$$\lim_{n\to\infty}|\frac{\frac{a_n}{n+1}}{\frac{a_{n+1}}{n+2}}| = \lim_{n\to\infty}|\frac{n+2}{n+1}\frac{a_n}{a_{n+1}}| = \lim_{n\to\infty}\frac{n+2}{n+1}\lim_{n\to\infty}|\frac{a_n}{a_{n+1}}| = R.$$

Assim, as séries (40), (48) e (49) possuem o mesmo raio de convergência R. ∎

Exemplo 4.8 Encontre a soma da série

$$x + \frac{x^2}{2} + \frac{x^3}{4} + \cdots + \frac{x^n}{n} + \cdots \tag{50}$$

Pelo critério da razão observamos que a série (50) converge uniformemente no intervalo $(-1,1)$. Suponhamos que esta soma seja $S(x)$. Agora, derivando esta série obtemos

$$S'(x) = 1 + x + x^2 + \cdots + x^n + \cdots,$$

cujo raio de convergência também é $R = 1$. Assim

$$S'(x) = \frac{1}{1-x},$$

Donde, integrando, obtemos

$$\int_0^x S'(t) = \int_0^x \frac{dx}{1-x}$$
$$S(x) - S(0) = -\ln(1-x)$$
$$S(x) = -\ln(1-x).$$

Assim,

$$-\ln(1-x) = x + \frac{x^2}{2} + \frac{x^3}{4} + \cdots + \frac{x^n}{n} + \cdots$$

4.3 Fórmula de Taylor

Nesta seção, introduziremos um método que nos permita desenvolver as funções elementares tais como, cos, exp, log, arctan, etc. em série de potências. Este método é possível graças ao Teorema de aproximação de Weiersstras: *Qualquer função contínua num intervalo fechado pode ser aproximada por meio de polinômios.* A demonstração deste teorema utiliza os chamados polinômios de Bernstein, mas nós utilizaremos os polinômios de Taylor, para fazer estas aproximações.

Agora, voltemos a nossa atenção à dedução da Fórmula de Taylor[5]. Seja f uma função definida no intervalo $[\alpha, \beta]$, e diferenciável até a ordem $(n+1)$ no intervalo (α, β), e seja $a \in (\alpha, \beta)$ (se $a \in [\alpha, \beta]$, nos pontos extremos α e β devemos tomar as derivadas laterais). Sob estas condições f pode ser desenvolvido em série de potências de $(x - a)$ na forma:

$$f(x) = b_o + b_1(x - a) + b_2(x - a)^2 + \cdots + b_n(x - a)^n + \cdots, \tag{51}$$

onde $b_o, b_1, b_2, \ldots, b_n, \ldots$ são constantes que devem ser definidas.

Como a função f é $(n+1)$ vezes diferenciável em (α, β), então

---

[5] Brook Taylor (1685 - 1731), matemático inglês.

$$\begin{aligned}
f'(x) &= b_1 + 2b_2(x-a) + \cdots + nb_n(x-a)^{n-1} + \cdots \\
f''(x) &= 2b_2 + \cdots + n(n-1)b_n(x-a)^{n-2} + \cdots \\
&\vdots \quad =: \\
f^{(n)}(x) &= n!\,b_n + (n+1)(n)(n-1)\ldots 2(x-a) + \cdots.
\end{aligned} \tag{52}$$

Pondo $x = a$ nas equações (51) e (52), obtemos

$$f(a) = b_o,\, f'(a) = b_1,\, f''(a) = 2b_2,\, \ldots,\, f^{(n)}(a) = n!\,b_n,\, \ldots.$$

Substituindo os valores encontrados para as constantes $b_o, b_1, b_2, \ldots$, em (51), obtemos

$$\begin{aligned}
f(x) &= f(a) + f'(a)(x-a) + f''(a)(x-a)^2/2 + \cdots + f^{(n)}(a)(x-a)^n/(n!) + \cdots \\
&= \sum_{k=0}^{n} \frac{f^{(k)}(a)}{k!}(x-a)^k,\, n = 0,1,2,3,\ldots. \, (f^0(a) = f(a)).
\end{aligned}$$

Quando aproximamos nossa função por uma série de potências truncada de $(n+1)$ termos, cometemos um erro, chamado de resto. Desta forma, a função $f(x)$ pode ser escrita na forma

$$\begin{aligned}
f(x) &= \sum_{k=0}^{n} \frac{f^{(k)}(a)}{k!}(x-a)^k + R_n(x) = \\
&= f(a) + \frac{f'(a)}{1!}(x-a) + \frac{f''(a)}{2!}(x-a)^2 + \cdots + \\
&\quad + \frac{f^n(a)}{n!}(x-a)^n + R_n(x),
\end{aligned} \tag{53}$$

onde o resto $R_n(x)$, geralmente escreve-se como sendo o resto de Lagrange, que é escrito na forma:

$$R_n(x) = \frac{1}{n!} \int_a^x f^{n+1}(t)(x-t)^n \, dt. \tag{54}$$

Em alguns casos, é muito útil simplificar a integral (54).

Como $f^{n+1}(t)$ é contínua para $t \in (a,x)$ e a função $(x-t)^n$ conserva o sinal no intervalo (a,x), podemos aplicar o Teorema de Valor Médio para a integral (54), e por isso,

$$\begin{aligned}
R_n(x) &= \frac{f^{(n+1)}(\xi)}{n!} \int_a^x (x-t)^n \, dt = \frac{f^{(n+1)}(\xi)}{n!}\left[-\frac{(x-t)^{n+1}}{n+1}\right]_a^x \\
&= \frac{f^{(n+1)}(\xi)}{n!}\left[\frac{(x-a)^{n+1}}{n+1}\right] \\
&= (x-a)^{n+1}\frac{f^{(n+1)}(\xi)}{(n+1)!}, \quad para\ algum\ \xi \in (a,x).
\end{aligned}$$

Assim, finalmente podemos escrever a fórmula de Taylor (53) com resto na forma de Lagrange da seguinte forma:

$$\begin{aligned}
f(x) &= f(a) + \frac{f'(a)}{1!}(x-a) + \frac{f''(a)}{2!}(x-a)^2 + \cdots + \\
&\quad + \frac{f^{(n)}(a)}{n!}(x-a)^n + \frac{f^{(n+1)}(\xi)}{(n+1)!}(x-a)^{n+1},\, \xi \in (a,x).
\end{aligned} \tag{55}$$

Assim, observamos que o polinômio $P_n(x) = \sum_{k=0}^{n} \frac{(x-a)^k}{k!} f^{(k)}(a)$ coincide com a expressão (51) para $f(x)$, e além disso,

$$P_n'(a) = f'(a), \qquad P_n''(a) = f''(a), \qquad \ldots, P_n^{(n)}(a) = f^{(n)}(a).$$

Em outras palavras, $P_n(x)$ é uma aproximação ótima para $f(x)$ quando n for suficientemente grande.

É fácil ver, que se na fórmula (55) usarmos $n = 1$, obtemos o Teorema do Valor Médio [3]:

$$f(x) - f(a) = (x - a)f'(\xi), \qquad onde\ \xi \in (a, x).$$

Assim, a fórmula de Taylor é uma generalização do Teorema do Valor Médio.

4.3.1 Fórmula de Maclaurin

Um caso particular e de grande importância é quando consideramos $a = 0$ na fórmula de Taylor (55). Desta forma obtemos

$$\begin{aligned}
f(x) \quad &= f(0) + \frac{f'(0)}{1!}x + \frac{f''(0)}{2!}x^2 + \cdots + \\
&+ \frac{f^n(0)}{n!}x^n + \frac{f^{n+1}(\theta x)}{(n+1)!}x^{n+1}, (\theta \in (0,1)).
\end{aligned} \tag{56}$$

A série (56) chama-se série de Maclaurin[6].

Exemplo 4.9 Desenvolver a função $f(x) = 2^x$ em série de potências de x.

Primeiramente, encontremos as derivadas da função $f(x) = 2^x$ e calculemos seus valores quando $x = 0$

$$\begin{array}{lll}
f(x) & = 2^x & f(0) = 1 \\
f'(x) & = 2^x\ln 2 & f'(0) = \ln 2 \\
f''(x) & = 2^x\ln^2 2 & f'(0) = \ln^2 2 \\
\vdots & =: & \vdots \\
f^{(n)}(x) & = 2^x\ln^n 2 & f^{(n)}(0) - \ln^n 2.
\end{array}$$

Usando a fórmula (56) obtemos a seguinte expressão:

$$2^x = 1 + \frac{\ln 2}{1!}x + \frac{\ln^2 2}{2!}x^2 + \cdots + \frac{\ln^2 2}{n!}x^n + R_n(x),$$

onde, $R_n(x)$ é calculado pela fórmula (54):

$$R_n(x) = \frac{2^{\theta x}\ln^{n+1} 2}{(n+1)!}x^{n+1}(0 < \theta < 1).$$

Como $\ln 2 < 1$, então $|\ln^n 2| < 1$. Portanto

---

[6] Colin Maclaurin (1698 - 1746), matemático escocês.

$$\lim_{n \to \infty} \frac{2^{\theta x} \ln^{n+1} 2}{(n+1)!} x^{n+1} = 0.$$

Assim

$$2^x = 1 + \frac{\ln 2}{1!} x + \frac{\ln^2 2}{2!} x^2 + \cdots + \frac{\ln^n 2}{n!} x^n + \cdots.$$

4.3.2 Série exponencial

Usemos a série de Maclaurin para desenvolver a função exponencial $f(x) = e^x$ em série de potências na vizinhança de $a = 0$. Temos:

$$f'(x) = e^x, f''(x) = e^x, \dots, f^{(k)}(x) = e^x, \dots,$$

e por isso

$$f(0) = 1, f'(0) = 1, f''(0) = 1, \dots, f^{(k)}(0) = 1, \dots.$$

Usando a fórmula (56) obtemos a seguinte expressão:

$$f(x) = 1 + \frac{x}{1!} + \frac{x^2}{2!} + \cdots + \frac{x^n}{n!} + R_n(x),$$

onde, $R_n(x)$ é calculado pela fórmula (54):

$$R_n(x) = \frac{x^{n+1}}{(n+1)!} e^{\theta x} (0 < \theta < 1).$$

Usando o fato que $e^{\theta x} < e^x$, se $x > 0$, e $e^{\theta x} < 1$, se $x < 0$, concluímos que o resto $R_n(x)$ tende a zero para todos os valores de x, isto é,

$$\lim_{n \to \infty} \frac{x^{n+1}}{(n+1)!} e^{\theta x} = 0.$$

Facilmente pode-se verificar que a série

$$e^x = \sum_{n=0}^{\infty} \frac{x^n}{n!}$$

converge absolutamente para todos os valores de $x \in \mathbb{R}$.

Assim, podemos escrever a série de Maclaurin para a função exponencial

$$e^x = 1 + \frac{x}{1!} + \frac{x^2}{2!} + \cdots + \frac{x^n}{n!} + \cdots, x \in \mathbb{R}. \qquad (57)$$

Daí, podemos encontrar a série de Maclaurin da função $f(x) = e^{-x}$. Basta trocar x por $-x$ na série (57) para obter,

$$e^{-x} = 1 - \frac{x}{1!} + \frac{x^2}{2!} + \cdots + (-1)^n \frac{x^n}{n!} + \cdots, x \in \mathbb{R}.$$

Combinando estas duas últimas séries, podemos encontrar o desenvolvimento do cosseno hiperbólico e do seno hiperbólico:

$$\cosh x = \frac{e^x + e^{-x}}{2} = 1 + \frac{x^2}{2!} + \frac{x^4}{4!} + \cdots + \frac{x^{2n}}{(2n)!} + \cdots$$

$$\operatorname{senh} x = \frac{e^x - e^{-x}}{2} = x + \frac{x^3}{3!} + \frac{x^5}{5!} + \cdots + \frac{x^{2n+1}}{(2n+1)!} + \cdots$$

Em particular, pondo $x = 1$ na fórmula (57), obtemos, uma fórmula aproximada para calcular e:

$$e = 1 + \frac{1}{1!} + \frac{1}{2!} + \cdots + \frac{1}{n!} + R_n, \tag{58}$$

onde $R_n = \frac{e^\theta}{(n+1)!}$, donde $R_n < \frac{3}{(n+1)!}$, pois $(0 < \theta < 1)$.

Assim, usando esta série, vamos calcular o número e com uma precisão de até seis decimais.

Quando $n = 9$, temos

$$R_n < \frac{3}{10!} < 0,000001,$$

por isto

$$
\begin{aligned}
e \quad &\approx 1 + \frac{1}{1!} + \frac{1}{2!} + \frac{1}{3!} + \frac{1}{4!} + \frac{1}{5!} + \frac{1}{6!} + \frac{1}{7!} + \frac{1}{8!} + \frac{1}{9!} = \\
&= 2 + 0,5 + 0,166666 + 0,041666 + 0,008333 + 0,001388 + \\
&\quad + 0,000198 + 0,000024 + 0,000002 = \\
&= 2,718281
\end{aligned}
$$

Exemplo 4.10 Calcule $\int_0^1 e^{-x^2} dx$ com exatidão de 0,001. Já sabemos que

$$e^x = 1 + \frac{x}{1!} + \frac{x^2}{2!} + \cdots + \frac{x^n}{n!} + \cdots, x \in \mathbb{R}.$$

Assim, trocando x por $-x^2$, obtemos

$$e^{-x^2} = 1 + \frac{-x^2}{1!} + \frac{x^4}{2!} - \frac{x^6}{3!} + \cdots.$$

Esta série converge uniformemente em $\mathbb{R}$, e, portanto, podemos integrar esta série membro a membro em qualquer intervalo, em particular no intervalo $[0,1]$:

$$\int_0^1 e^{-x^2}dx \quad = \int_0^1 \left(1 - \frac{x^2}{1!} + \frac{x^4}{2!} - \frac{x^6}{3!} + \cdots\right)dx =$$

$$= \left(x - \frac{x^3}{3} + \frac{x^5}{2!.5} - \frac{x^7}{3!.7} + \frac{x^9}{4!.9} - \cdots\right)\Big|_0^1 =$$

$$= 1 - \frac{1}{3} + \frac{1}{10} - \frac{1}{42} + \frac{1}{216} - \cdots$$

Esta série é alternada e seu termo geral tende a zero, por isto, o resto da série não é superior ao primeiro termo desconsiderado, ou seja para obter o valor aproximado da integral dada, tomamos k termos, então o erro que cometemos não é superior ao termo $(k+1)$-ésimo. No nosso caso, para obter o k, devemos ter $\frac{1}{(k+1)!(2k+3)} \leq 0,001$, ou seja quando $k \geq 4$. Portanto

$$\int_0^1 e^{-x^2}dx \quad \approx 1 - \frac{1}{3} + \frac{1}{10} - \frac{1}{42} + \frac{1}{216} =$$

$$= 1 - 0,333 + 0,1 - 0,023 + 0,004 = 0,747$$

4.3.3 Séries das Funções Seno e Cosseno

Já sabemos que as funções seno e cosseno possuem derivadas de qualquer ordem em qualquer intervalo que contenha o ponto $x = 0$. Primeiramente consideremos a função $f(x) = \cos x$, temos:

$$f(x) = \cos x, f'(x) = -\operatorname{sen}x, f''(x) = -\cos x, \ldots, f^{(k)}(x) = \cos(x + k\frac{\pi}{2}), \ldots,$$

e por isso

$$f(0) = 1, f'(0) = 0, f''(0) = -1, f'''(0) = 0, \ldots, f^{(2k)}(0) = (-1)^k, f^{(2k+1)}(0) = 0, \ldots,$$

e pela fórmula de Maclaren (56) obtemos a expressão:

$$\cos x = 1 - \frac{x^2}{2!} + \frac{x^4}{4!} - \cdots + \frac{(-1)^n x^{2n}}{(2n)!} + \frac{x^{2n+2}}{(2n+2)!}\cos[\theta x + \frac{(2n+2)\pi}{2}].$$

Usando o fato que

$$\lim_{n\to\infty}\frac{x^{2n+2}}{(2n+2)!} = 0, \qquad e \ |\cos[\theta x + \frac{(2n+2)\pi}{2}]| \leq 1,$$

temos que o resto da série tende a zero para todos os valores de x, ou seja,

$$\lim_{n\to\infty}\frac{x^{2n+2}}{(2n+2)!}\cos[\theta x + \frac{(2n+2)\pi}{2}] = 0.$$

Assim podemos escrever de forma definitiva a série de Maclaurin para a função cosseno

$$\cos x = 1 - \frac{x^2}{2!} + \frac{x^4}{4!} + \cdots - \cdots + \frac{(-1)^n x^{2n}}{(2n)!} + \cdots x \in \mathbb{R}. \tag{59}$$

Desta forma, a série (59) converge absolutamente para todo $x \in \mathbb{R}$.

De forma análoga, podemos desenvolver em série de potências a função $f(x) = \text{sen } x$.

$$f(x) = \text{sen } x, \quad f'(x) = \cos x, \quad f''(x) = -\text{sen } x, \dots, f^{(k)}(x) = \text{sen}(x + k\frac{\pi}{2}), \dots,$$

e por isso

$$f(0) = 0, f'(0) = 1, f''(0) = 0, f'''(0) = -1, \dots, f^{(2k)}(0) = 0, f^{(2k+1)}(0) = (-1)^k, \dots.$$

Usando a fórmula de Maclaurin (56) obtemos a expressão:

$$\text{sen } x = \frac{x}{1!} - \frac{x^3}{3!} + \frac{x^5}{5!} - \cdots + \frac{(-1)^n x^{2n+1}}{(2n+1)!} + \frac{x^{2n+1}}{(2n+1)!}[\theta x + \frac{(2n+3)\pi}{2}]. \tag{60}$$

Usando o fato que

$$\lim_{n\to\infty} \frac{x^{2n+3}}{(2n+3)!} = 0, \quad e \ |\text{sen } [\theta x + \frac{(2n+3)\pi}{2}]| \leq 1,$$

temos que o resto da série tende a zero para todos os valores de x. Desta forma, a série de Maclaurin para a função seno pode ser escrita como

$$\text{sen } x = \frac{x}{1!} - \frac{x^3}{3!} + \frac{x^5}{5!} - \cdots + \frac{(-1)^n x^{2n+1}}{(2n+1)!} + \cdots x \in \mathbb{R}.$$

Exemplo 4.11 Calcule sen18^o com exatidão até $0,0001$.

Já vimos que

$$\text{sen } x = \frac{x}{1!} - \frac{x^3}{3!} + \frac{x^5}{5!} - \cdots + \frac{(-1)^n x^{2n+1}}{(2n+1)!} + \cdots$$

transformando 18° em radianos, obtemos: $18^o = \frac{\pi}{10}$. Donde

$$\text{sen } 18^o = \text{sen } \frac{\pi}{10} \approx \frac{\pi}{10} - \frac{\pi^3}{3!.10^3} + \frac{\pi^5}{5!.10^5} - \cdots$$

Tomando $\pi \approx 3,14159$, temos $\pi^3 \approx 31,00624$. Como

$$\frac{\pi^3}{3!.10^3} > 0,0001 e \frac{\pi^5}{3!.10^5} < 0,0001,$$

obtemos

$$\text{sen } 18^o \quad \approx \frac{\pi}{10} - \frac{\pi^3}{3!.10^3} =$$
$$= \frac{3,14159}{10} - \frac{31,00624}{6000} = 0,30899.$$

4.3.4 As Fórmulas de Euler

Agora vamos combinar os desenvolvimentos em séries de Maclaurin das funções $e^x, \cos x$ e sen x. Mas, antes, lembremos da análise complexa, que o quadrado da unidade imaginária é igual a -1, isto é, $i^2 =$

-1, onde $\sqrt{-1} = i$.

Calculando os expoentes positivos inteiros de i, obtemos;

$$i^2 = -1, i^3 = -i, i^4 = 1, i^5 = i, i^6 = -1, ...,$$

em geral,

$$i^{4k} = 1, i^{4k+1} = i, i^{4k+2} = -1, i^{4k+3} = -i.$$

Já foi mostrado (fórmula (57)), que o desenvolvimento da função exponencial e^x para $x \in \mathbb{R}$, é dado por

$$e^x = 1 + \frac{x}{1!} + \frac{x^2}{2!} + \cdots + \frac{x^n}{n!} + \cdots, x \in \mathbb{R}.$$

Se trocarmos na última série, x pelo expoente imaginário puro ix, obtemos:

$$e^{ix} = 1 + \frac{ix}{1!} + \frac{(ix)^2}{2!} + \frac{(ix)^3}{3!} + \cdots + \frac{(ix)^n}{n!} + \cdots,$$

e utilizando as propriedades das potências de i, obtemos

$$e^{ix} = (1 - \frac{x^2}{2!} + \frac{x^4}{4!} - \frac{x^6}{6!} + \cdots) + i(\frac{x}{1!} - \frac{x^3}{3!} + \frac{x^5}{5!} - \frac{x^7}{7!} + \cdots). \tag{61}$$

Pela seção anterior, sabemos que os desenvolvimentos em série de Maclaurin das funções cosseno e seno coincidem com o primeiro e segundo parênteses do segundo membro da fórmula (61) respectivamente, por isso,

$$e^{ix} = \cos x + i\,\text{sen}\,x. \tag{62}$$

Trocando x por $-x$ na fórmula (62) e usando o fato que a função cosseno é par e a função seno é ímpar, obtemos

$$e^{-ix} = \cos x - i\,\text{sen}\,x. \tag{63}$$

As fórmulas (62) e (63) chamam-se fórmulas de Euler[7]. Em geral, a função exponencial com expoente complexo arbitrário $x \pm iy$, pode ser escrita na forma

$$\boxed{e^{x\pm iy} = e^x.e^{\pm iy} = e^x(\cos y \pm i\,\text{sen}\,y)}$$

Exemplo 4.12 Calcule

$$e^{\frac{\pi}{2}i}.$$

Usando a fórmula (62), temos

$$e^{\frac{\pi}{2}i} = \cos\frac{\pi}{2} + \text{sen}\,i\frac{\pi}{2} = i.$$

E, com certeza, não podemos deixar de fora, uma das mais belas fórmulas da Matemática

---

[7] Leonhard Paul Euler (1703 - 1783), matemático suíço.

$$e^{\pi i} + 1 = 0.$$

4.3.5 Série Binomial

A função binomial $f(x) = (1 + x)^m, m \in \mathbb{N}$ está bem definida quando $1 + x > 0$, isto é, quando $x > -1$. Neste intervalo, a função binomial possui as derivadas de todas as ordens;

$$f'(x) = m(1 + x)^{m-1}, f''(x) = m(m - 1)(1 + x)^{m-2}, \ldots,$$
$$f^{(k)}(x) = m(m - 1)(m - 2) \ldots (m - k + 1)(1 + x)^{m-k}, \ldots$$

E, por isso,

$$f(0) = 1, f'(0) = m, f''(0) = m(m - 1), f'''(0) = m(m - 1)(m - 2), \ldots,$$
$$f^{(k)}(0) = m(m - 1)(m - 2) \ldots (m - k + 1).$$

Aplicando a fórmula de Maclaurin (56), obtemos a expressão:

$$(1 + x)^m = 1 + \frac{m}{1!}x + \frac{m(m - 1)}{2!}x^2 + \frac{m(m - 1)(m - 2)}{3!}x^3 + \cdots +$$
$$+ \frac{m(m - 1)(m - 2) \ldots (m - n + 1)}{n!}x^n + R_n(x),$$

onde o resto $R_n(x)$ pode ser escrito na forma:

$$R_n(x) = \frac{1}{n!} \int_0^x f^{n+1}(t)(x - t)^n dt$$

ou

$$R_n(x) = \frac{m(m - 1)(m - 2) \ldots (m - n)}{n!} \int_0^x (1 + t)^{m-n-1}(x - t)^n dt.$$

Usando o Teorema do Valor Médio para integrais, para esta última integral, obtemos

$$R_n(x) = \frac{m(m - 1)(m - 2) \ldots (m - n)}{n!}(1 + \theta x)^{m-n-1}(x - \theta x)^n \int_0^x dt$$
$$= \frac{m(m - 1)(m - 2) \ldots (m - n)}{n!}(1 + \theta x)^{m-1}(1 + \theta x)^{-n}x^n(1 - \theta)^n \int_0^x dt$$
$$= \frac{m(m - 1)(m - 2) \ldots (m - n)}{n!}x^{n+1}\left(\frac{1 - \theta}{1 + \theta x}\right)^n m(1 + \theta x)^{m-1},$$

onde, $0 < \theta < 1$, e $0 < 1 - \theta < 1 + \theta x$, donde

$$0 < \left(\frac{1 - \theta}{1 + \theta x}\right) < 1$$

ou

$$0 < \left(\frac{1-\theta}{1+\theta x}\right)^n < 1, \; para \; todo \; n \in \mathbb{N}.$$

Usando o critério da razão, obtemos

$$\lim_{n\to\infty}\left|\frac{u_{n+1}}{u_n}\right| = \lim_{n\to\infty}\left|\frac{m-n+1}{n}x\right| = |x|,$$

onde $u_n = \frac{m(m-1)(m-2)...(m-n+1)}{n!}x^{n+1}$.

Assim, a série binomial converge absolutamente se $|x| < 1$ e diverge se $|x| > 1$.

Para mostrar que esta série converge para $(1+x)^m$, devemos provar que

$$R_n(x) \to 0 \ quando \ |x| < 1.$$

De fato, os termos $m(1+\theta x)^{m-1}$ e $\left(\frac{1-\theta}{1+\theta x}\right)^n$ são limitados e

$$\lim_{n\to\infty}\frac{m(m-1)(m-2)...(m-n)}{n!}x^{n+1} = 0,$$

Portanto,

$$\lim_{n\to\infty}R_n(x) = 0.$$

Finalmente, podemos escrever a série para a função binomial,

$$\begin{aligned}(1+x)^m \ &= 1 + \frac{m}{1!}x + \frac{m(m-1)}{2!}x^2 + \frac{m(m-1)(m-2)}{3!}x^3 + \cdots + \\ &+ \frac{m(m-1)(m-2)...(m-k+1)}{n!}x^n + \cdots, |x| < 1.\end{aligned} \tag{64}$$

Quando o número m é inteiro positivo, a série (64) acaba no termo $n = m$ e transforma-se na fórmula do binômio de Newton. Assim, podemos dizer que a série (64) é uma generalização do binômio de Newton com expoente m natural.

É interessante desenvolver o binômio de Newton para alguns valores particulares de m, que usaremos mais adiante:

$$\begin{aligned}(1-x)^{-1} \quad &= 1 + x + x^2 + x^3 + \cdots + x^n + \cdots, \\ (1+x)^{-1} \quad &= 1 - x + x^2 - x^3 + \cdots + (-1)^n x^{n+1} + \cdots, \\ (1+x)^{1/2} \quad &= 1 + \frac{1}{2}x - \frac{1}{2.4}x^2 + \frac{1.3}{2.4.6}x^3 - \frac{1.3.5}{2.4.6.8}x^4 + \cdots \\ (1+x^2)^{-1} \quad &= 1 - x^2 + x^4 - x^6 + \cdots + (-1)^{n-1}x^{2(n-1)} + \cdots \\ (1+x)^{-1/2} \quad &= 1 - \frac{1}{2}x + \frac{1.3}{2.4}x^2 - \frac{1.3.5}{2.4.6}x^3 + \frac{1.3.5.7}{2.4.6.8}x^4 - \cdots\end{aligned} \tag{65}$$

4.3.6 Série da Função Logarítmica

A função logarítmica $f(x) = \ln(1+x)$, está definida quando $x > -1$, e, nesse intervalo, a função possui derivadas de todas as ordens. Obtenhamos a série de Maclaurin para a função logarítmica no intervalo

$x > -1$.

Vale observar que,

$$\lim_{x \to -1} \ln(1 + x) = -\infty, \lim_{x \to \infty} \ln(1 + x) = \infty.$$

Agora, calculemos todas as derivadas da função $f(x) = \ln(1 + x)$,

$$f'(x) = \frac{1}{1 + x}, f''(x) = -\frac{1}{(1 + x)^2}, \dots, f^{(n)}(x) = (-1)^{n-1} \frac{(n - 1)!}{(1 + x)^n}, \dots,$$

donde

$$f(0) = 0, f'(0) = 1, f''(0) = -1, f'''(0) = 2!, \dots, f^{(n)}(0) = (-1)^{n-1}(n - 1)!, \dots.$$

Assim

$$\ln(1 + x) = x - \frac{x^2}{2} + \frac{x^3}{3} - \frac{x^4}{4} + \dots + (-1)^{n-1}\frac{x^n}{n} + R_n(x),$$

onde o resto pode ser escrito, como

$$R_n(x) = \frac{f^{(n+1)}(\theta x)}{(n + 1)!} x^{n+1} = \frac{(-1)^n}{(n + 1)!}\left(\frac{x}{1 + \theta x}\right)^{n+1}, \quad para\ algum\ \theta \in (0,1).$$

É fácil ver que;

$$|R_n(x)| < \frac{|x|^{n+1}}{(n + 1)!}.$$

Também observamos que

$$\lim_{n \to \infty} |\frac{u_{n+1}}{u_n}| = \lim_{n \to \infty} |\frac{n - 1}{n}x| = |x|,$$

onde $u_n - (-1)^{n-1}\frac{x^n}{n}$ e, por isso, a série converge absolutamente se $|x| < 1$ e diverge se $|x| > 1$.

Portanto, $\lim_{n \to \infty} R_n(x) = 0, (-1 < x < 1)$. Desta forma, no intervalo $-1 < x < 1$, temos

$$\ln(1 + x) = x - \frac{x^2}{2} + \frac{x^3}{3} - \frac{x^4}{4} + \dots$$

Já vimos acima que, quando $x = -1$ a função $\ln(1 + x)$ tende ao infinito. De outro lado, se $x = 1$, temos

$$\ln 2 = 1 - \frac{1}{2} + \frac{1}{3} - \frac{1}{4} + \dots$$

que converge pelo critério de Leibniz.

Por fim,

$$\ln(1 + x) = x - \frac{x^2}{2} + \frac{x^3}{3} - \frac{x^4}{4} + \dots, (-1 < x \le 1)$$

4.3.7 Série da Função Arcotangente

Vamos concluir o estudo de séries de potências calculando a série de Maclaurin da função $f(x) = \arctan x$.

Escrevamos a série de Maclaurin da função $f(x) = \arctan x$ usando o Teorema Fundamental do Cálculo.

$$\int_0^x \frac{dt}{1+t^2} = \arctan t \big|_0^x = \arctan x - \arctan 0 = \arctan x.$$

Assim, usando a quarta fórmula de (65), temos

$$\arctan x = \int_0^x \frac{dt}{1+t^2} =$$
$$= \int_0^x \left[1 - t^2 + t^4 - t^6 + \cdots + (-1)^{n-1}t^{2n-2} + \frac{(-1)^n t^{2n}}{1+t^2} \right] dt =$$
$$= x - \frac{x^3}{3} + \frac{x^5}{5} - \frac{x^7}{7} + \cdots + \frac{(-1)^{n-1}x^{2n-1}}{2n-1} + R_n(x),$$

onde

$$R_n(x) = (-1)^n \int_0^x \frac{t^{2n}dt}{1+t^2}.$$

Aplicando o teste de D'alambert a série

$$\arctan x = x - \frac{x^3}{3} + \frac{x^5}{5} - \frac{x^7}{7} + \cdots + \frac{(-1)^{n-1}x^{2n-1}}{2n-1} + R_n(x),$$

para o termo geral $u_n = \frac{(-1)^{n-1}x^{2n-1}}{2n-1}$, obtemos

$$\lim_{n\to\infty} \left| \frac{u_{n+1}}{u_n} \right| = \lim_{n\to\infty} \left| \frac{\frac{(-1)^n x^{2n+1}}{2n+1}}{\frac{(-1)^{n-1}x^{2n-1}}{2n-1}} \right| = \lim_{n\to\infty} \frac{2n+1}{2n-1} |x|^2 = x^2,$$

que converge quando $x^2 < 1$, ou seja, $-1 < x < 1$.

Quando $|x| < 1$, temos

$$|R_n(x)| = \left| (-1)^n \int_0^x \frac{t^{2n}dt}{1+t^2} \right| < \int_0^x t^{2n} = \frac{t^{2n+1}}{2n+1} \big|_0^x = \frac{x^{2n+1}}{2n+1} \leq \frac{1}{2n+1},$$

Portanto,

$$\lim_{n\to\infty} R_n(x) = 0,$$

por isso,

$$\arctan x = x - \frac{x^3}{3} + \frac{x^5}{5} - \frac{x^7}{7} + \cdots + \frac{(-1)^{n-1}x^{2n-1}}{2n-1} + \cdots. \tag{66}$$

Mas, pondo na fórmula (66) $x = \pm 1$, obtemos a série harmônica alternada que converge, pelo critério de Leibniz. Por isso, a série (66) converge quando $-1 \leq x \leq 1$.

Em particular, se $x = 1$, obtemos da série (66) uma fórmula para calcular o valor de π em forma de série;

$$\arctan 1 = \frac{\pi}{4} = 1 - \frac{1}{3} + \frac{1}{5} - \frac{1}{7} + \cdots + \frac{(-1)^{n-1}}{2n-1} + \cdots.$$

4.4 Integração de equações Diferenciais através de Séries de Potências

Nesta seção consideraremos alguns exemplos de equações diferenciais ordinárias de segunda ordem homogêneas,

$$p_o(x)y'' + p_1(x)y' + p_2(x)y = 0 \tag{67}$$

cujas soluções serão encontradas usando séries de potências, estudadas na seção anterior, desde que as funções $p_o(x), p_1(x)$ e $p_2(x)$ sejam analíticas (de classe C^{n+1}) na vizinhança de um ponto x_o e $p_o(x_o) \neq 0$. Veja, por exemplo, o livro de Elsgoltz [5].

Assim, podemos procurar a solução da equação diferencial (67) por meio de uma série de potências na vizinhança do ponto x_o,

$$y = \sum_{n=0}^{\infty} a_n(x - x_o)^n = a_o + a_1(x - x_o) + a_2(x - x_o)^2 + \cdots + a_n(x - x_o)^n + \cdots,$$

onde os coeficientes a_n da série são encontrados substituindo a série de potências acima na equação diferencial (67) e logo igualando os coeficientes de suas respectivas potências $(x - x_o)^n$.

Observação 4.1 Em problemas específicos, as hipóteses dos coeficientes $p_o(x), p_1(x)$ e $p_2(x)$ não são levados em consideração, pois não pretendemos estabelecer regiões de convergência da série solução considerada.

Para ilustrar o método, consideremos os seguintes exemplos.

Exemplo 4.13 Resolver a equação

$$y'' - xy = 0, y(0) = 0, y'(0) = 1. \tag{68}$$

Vamos procurar a solução de (68) na forma de série de potências na vizinhança do ponto $x_o = 0$.

$$y(x) = \sum_{n=0}^{\infty} a_n x^n = a_o + a_1 x + a_2 x^2 + a_3 x^3 + a_4 x^4 + a_5 x^5 + \cdots. \tag{69}$$

Assim, usando a condição inicial de (68) na série(69), obtemos

$$y(0) = 0 = a_o + a_1.0 + a_2.0^2 + a_3.0^3 + a_4.0^4 + \cdots. Donde\ segue\ a_o = 0.$$

Agora, vamos usar a segunda condição inicial. Para isto precisamos derivar (69):

$$y'(x) = a_1 + 2a_2 x + 3a_3 x^2 + 4a_4 x^3 + 5a_5 x^4 + \cdots.$$

Donde, obtemos $y'(0) = 1 = a_1$.

Derivando duas vezes (69)

$$y''(x) = 2a_2 + 6a_3x + 12a_4x^2 + 20a_5x^3 + \cdots$$

e substituindo na equação (68), obtemos

$$2a_2 + 6a_3x + 12a_4x^2 + 20a_5x^3 + 30a_6x^4 + \cdots - x(a_1x + a_2x^2 + a_3x^3 + a_4x^4 + a_5x^5 + \cdots) = 0.$$

Comparando os coeficientes das potências de mesmo grau, obtemos

$$
\begin{array}{ll}
x^0: & 2a_2 = 0; \\
x: & 6a_3 = 0; \\
x^2: & 12a_4 - a_1 = 0; \\
x^3: & 20a_5 - a_2 = 0; \\
x^4: & 30a_6 - a_3 = 0; \\
\vdots & \vdots; \\
x^{n-2}: & (n-1)na_n - a_{n-3} = 0; \\
\cdots & \cdots;
\end{array}
$$

Daí temos, $a_2 = 0, a_3 = 0, a_4 = \frac{a_1}{12}, a_5 = a_6 = 0, \ldots a_n = \frac{a_1}{(n-1)n}$.

Observamos que $a_n \neq 0$ quando $n = 3l + 1, l = 1,2,3, \ldots$, ou seja,

$$a_{3l+1} = \frac{a_{3(l-1)+1}}{(3l+1)3l} = \cdots = \frac{1}{3.4.6.7 \ldots 3l(3l+1)}.$$

Assim,

$$y(x) = x + \frac{x^4}{3.4} + \frac{x^7}{3.4.6.7} + \cdots + \frac{x^{3l+1}}{3.4.6.7 \ldots 3l(3l+1)} + \cdots.$$

Exemplo 4.14 Resolver a equação

$$xy'' + y = 0, \qquad y(0) = 0, \qquad y'(0) = 1.$$

Neste exemplo, vemos que $p_2(x) = x, p_o(x) = 1$, de acordo com a definição da seção EDO Lineares. Vamos procurar a solução na forma de série de potências (69)

$$y(x) = \sum_{n=0}^{\infty} a_nx^n = a_o + a_1x + a_2x^2 + a_3x^3 + a_4x^4 + a_5x^5 + \cdots.$$

Assim, usando a condição inicial na série(69), obtemos

$$y(0) = 0 = a_o + a_1.0 + a_2.0^2 + a_3.0^3 + a_4.0^4 + \cdots. Donde\ segue\ a_o = 0.$$

Agora, vamos usar a segunda condição inicial. Para isto precisamos derivar (69):

$$y'(x) = a_1 + 2a_2x + 3a_3x^2 + 4a_4x^3 + 5a_5x^4 + \cdots.$$

Donde, obtemos $y'(0) = 1 = a_1$.

Derivando duas vezes (69)

$$y''(x) = 2a_2 + 6a_3x + 12a_4x^2 + 20a_5x^3 + \cdots$$

e substituindo na equação, obtemos

$$x(2a_2 + 6a_3x + 12a_4x^2 + 20a_5x^3 + 30a_6x^4 + \cdots) + (x + a_2x^2 + a_3x^3 + a_4x^4 + a_5x^5 + \cdots) = 0.$$

Comparando os coeficientes das potências de mesmo grau, obtemos

$$
\begin{aligned}
x^1: &\quad 2a_2 + 1 = 0;\\
x^2: &\quad 6a_3 + a_2 = 0;\\
x^3: &\quad 12a_4 + a_3 = 0;\\
x^4: &\quad 20a_5 + a_4 = 0;\\
&\quad \vdots \qquad \vdots
\end{aligned}
$$

Daí obtemos,

$$a_2 = -\frac{1}{2}, a_3 = -\frac{a_2}{6} = \frac{1}{12}, a_4 = -\frac{a_3}{12} = -\frac{1}{144}, a_5 = -\frac{a_4}{20} = \frac{1}{2880}.$$

Assim,

$$y(x) = x - \frac{x^2}{2} + \frac{x^3}{12} - \frac{x^4}{144} + \frac{x^5}{2880} + \cdots.$$

Exemplo 4.15 Encontre a solução da equação

$$y'' = y\cos x + x, \qquad y(0) = 1, y'(0) = 0.$$

Vamos procurar a solução na forma de série de potências de (69). Assim, usando a condição inicial na série(69), obtemos

$$y(0) = 0 = a_o + a_1.0 + a_2.0^2 + a_3.0^3 + a_4.0^4 + \cdots. \, Donde\ segue\ a_o = 1.$$

Agora, vamos usar a segunda condição inicial. Para isto precisamos derivar (69):

$$y'(x) = a_1 + 2a_2x + 3a_3x^2 + 4a_4x^3 + 5a_5x^4 + \cdots.$$

Donde, obtemos $y'(0) = 0 = a_1$.

Derivando duas vezes (69), obtemos

$$y''(x) = 2a_2 + 6a_3x + 12a_4x^2 + 20a_5x^3 + \cdots$$

substituindo na equação e levando em consideração que,

$$\cos x = 1 - \frac{x^2}{2!} + \frac{x^4}{4!} - \frac{x^6}{6!} + \cdots$$

obtemos

$$2a_2 + 6a_3x + 12a_4x^2 + 20a_5x^3 + 30a_6x^4 + \cdots =$$

$$= (1 + a_2x^2 + a_3x^3 + a_4x^4 + a_5x^5 + \cdots)(1 - \frac{x^2}{2!} + \frac{x^4}{4!} - \frac{x^6}{6!} + \cdots) + x.$$

Comparando os coeficientes das potências de mesmo grau, obtemos

$$x^0: \qquad 2a_2 = 1;$$
$$x: \qquad 6a_3 = 1;$$
$$x^2: \qquad 12a_4 = -\frac{1}{2} + a_2;$$
$$x^3: \qquad 20a_5 = a_3;$$
$$x^4: \quad 30a_6 = \frac{a_2}{2} + \frac{1}{4!} + a_4;$$
$$\vdots \qquad \qquad \vdots;$$

Daí temos $a_2 = \frac{1}{2}, a_3 = \frac{1}{6}, a_4 = 0, a_5 = \frac{1}{120}, a_6 = \frac{7}{4!} \cdots$

Assim,

$$y(x) = 1 + \frac{x^2}{2} + \frac{x^3}{6} + \frac{x^5}{120} + \frac{7x^6}{4!} + \cdots.$$

4.5 Exercícios do Capítulo 4

1. Analise a convergência das seguintes séries de potências

   (a) $\sum_{n=0}^{\infty} \frac{x^n}{n+1}$;

   (b) $\sum_{n=1}^{\infty} \frac{x^n}{n(n+4)}$;

   (c) $\sum_{n=0}^{\infty} \frac{n!x^n}{(2n-1)!}$;

   (d) $\sum_{n=0}^{\infty} \frac{n!(x+10)^n}{n^n}$;

   (e) $\sum_{n=0}^{\infty} \frac{(x+5)^n}{(n+1)^n}$;

   (f) $\sum_{n=0}^{\infty} x^n n!$;

   (g) $\sum_{n=1}^{\infty} x^{n!}$;

   (h) $\sum_{n=1}^{\infty} \frac{x^{n^2}}{2^{n-1}n^n}$;

   (i) $\sum_{n=1}^{\infty} \frac{(x+8)^n}{n^2}$,

   (j) $\sum_{n=1}^{\infty} \frac{x^n}{n+1}$;

   (k) $\sum_{n=1}^{\infty} \frac{x^n}{n^2(n+1)}$;

   (l) $\sum_{n=1}^{\infty} \frac{(-1)^n x^n}{\sqrt{n}}$;

   (m) $\sum_{n=1}^{\infty} \frac{x^n}{6^n}$,

   (n) $\sum_{n=1}^{\infty} \frac{x^n}{n.3^n}$;

   (o) $\sum_{n=1}^{\infty} \frac{3^n x^n}{\sqrt{(1+4n).5^n}}$;

   (p) $\sum_{n=1}^{\infty} \frac{x^n}{n^n}$;

   (q) $\sum_{n=1}^{\infty} \frac{(x+8)^n}{n(n+7)}$;

   (r) $\sum_{n=1}^{\infty} \frac{m(m-1)(m-2)\ldots(m-n+1)}{n!} x^n, m > 0$;

(s) $\sum_{n=1}^{\infty} \left(\frac{n+2}{2n+5}\right)^n x^n$.

2. Encontre o desenvolvimento em série de Maclaurin das seguintes funções
   (a) $f(x) = shx$;

   (b) $f(x) = \arccos x$;

   (c) $f(x) = \frac{1}{\sqrt{4-x^2}}$;

   (d) $f(x) = x\cos x$;

   (e) $f(x) = \sqrt[3]{27 + x}$;

   (f) $f(x) = \cos(5x)$;

   (g) $f(x) = \cos^2 \frac{x^2}{3}$;

   (h) $f(x) = \text{sen}^2 x$;

   (i) $f(x) = \int_0^x e^{-t^2} dt$;

   (j) $f(x) = \text{arcsen} x$;

   (k) $f(x) = \frac{x^{20}}{1-x}$;

   (l) $f(x) = \frac{\text{sen}3x}{x}$;

   (m) $f(x) = (1 + x)\ln(1 + x)$ (os primeiros três termos não nulos);

   (n) $f(x) = e^x \text{sen} x$ (os primeiros três termos não nulos).

3. Calcule com aproximação até 0,0001:
   (a) $\sqrt{e}$;

   (b) $\frac{1}{e}$;

   (c) $\sin 1$;

   (d) $\cos 2$;

   (e) π;

   (f) $\ln 10$.

4. Aplicando o método de derivação, encontre os primeiros 4 termos da solução das seguintes equações diferenciais através de séries de potências, dadas as condições iniciais:

(a) $y' = \ln(x + y) + xy, \ y(0) = 1;$

(b) $y' = \frac{1-x^2}{y} + 1, y(0) = 1;$

(c) $2y' - (x + y)y - e^x = 0, \ y(0) = 2;$

(d) $y'' = y' + 2, \ y(0) = 1, \ y'(0) = 0;$

(e) $y'' + y\cos x = 0, y(0) = a, y'(0) = 0.$

Capítulo 5

Séries Trigonométricas de Fourier

A teoria clássica de séries de Fourier[1] com suas respectivas integrais é de grande importância por suas aplicações na física e na engenharia, assim como pela sua beleza teórica na matemática. Foi no começo do século XVIII, que grandes matemáticos discutiram sobre a possibilidade de representar uma função arbitrária contínua de período $2T$ como uma soma de uma série trigonométrica.

Mas, foi no século XIX, especificamente em 1807, que as séries trigonométricas alcançaram seu apogeu, quando Jean Baptiste Fourier publicou seu livro Theorie Analytique de la Chaleur, onde sugere como calcular os coeficientes de uma série trigonométrica, que hoje chamamos de série de Fourier. Fourier desenvolveu sua teoria sobre séries trigonométricas quando estudava a propagação do calor em corpos sólidos, onde mostrou que qualquer função arbitrária poderia ser expressa como uma soma de senos e cossenos.

5.1 Séries Trigonométricas

Nesta seção estudaremos questões envolvendo funções representadas por séries trigonométricas de período 2π e $2l$ com $l \neq \pi$.

5.1.1 Funções Periódicas

A função real $f(x), x \in X$ chama-se periódica em X, se existe um número $T, T \neq 0$, chamado período da função f, tal que:

1. $x + T$ e $x - T$ pertencem ao conjunto X para cada $x \in X$;

2. Para cada $x \in X$ temos a igualdade

$$f(x + T) = f(x). \tag{70}$$

Observamos que se $n \in \mathbb{Z}$, então por (70)

$$f(x + nT) = f(x).$$

De fato,

$$\begin{aligned}
f(x + nT) &= f(x + (n-1)T + T) = f(x + (n-1)T) = \\
&= f(x + (n-2)T + T) = f(x + (n-2)T) = \\
&= \vdots \\
&= f(x + T + T) = f(x + T) = \\
&= f(x).
\end{aligned}$$

.

Observação 5.1 Se as funções $f(x)$ e $h(x)$ são periódicas do mesmo período, então a soma $f(x) + h(x)$, diferença $f(x) - h(x)$, produto $f(x).h(x)$ e divisão $\frac{f(x)}{h(x)}$ também são funções periódicas do mesmo

---

[1]Jean-Baptiste Joseph Fourier, matemático e físico francês (1768-1830)

período. Também, a derivada de uma função periódica é uma função periódica do mesmo período. No caso da integral de uma função periódica, temos, se T é o período da função $f(x)$, então

$$F(x) = \int f(x)dx$$

é periódica de período T, se, e somente se,

$$\int_0^T f(x)dx = 0$$

Exemplo 5.1 A função $\tan x = \dfrac{\operatorname{sen} x}{\cos x}$ é uma função periódica de período π, apesar de as funções $\operatorname{sen} x$ e $\cos x$ serem funções periódicas de período 2π.

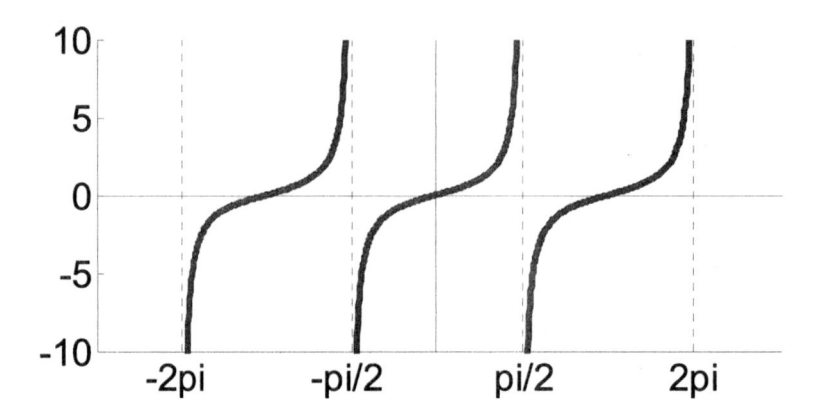

Figura17: Gráfico da função $\tan x$

Para construir o gráfico de uma função periódica de período $T > 0$, é suficiente construir o gráfico no intervalo $[0, T]$ e, depois, todo o gráfico obtem-se por translação em $\pm T, \pm 2T, ...$, da parte construída ao longo de todo o eixo das abscissas.

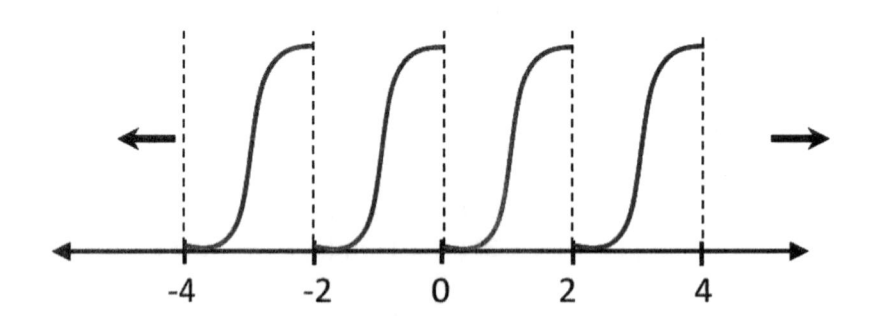

Figura18: Gráfico de uma função com período $T = 2$

Assim por exemplo, na figura acima é mostrado o gráfico de uma função com período $T = 2$.

Exemplo 5.2 Mostre que se a função

$$f(x) = x + \cos\alpha x$$

é periódica, então α é um número racional.

Observamos que o domínio da função é $\mathbb{R}$. Por hipótese, a função $f(x)$ é periódica. Se $T(T \neq 0)$ é o período da função, então para cada x e α, temos

$$f(x + T) = (x + T) + \cos\alpha(x + T) = x + \cos\alpha x = f(x).$$

Considerando nesta igualdade, $x = 0$ e $x = -T$, obtemos

$$\begin{aligned} T + \cos\alpha T &= 1 \\ -T + \cos\alpha T &= 1. \end{aligned}$$

Somando estas duas equações e logo simplificando por 2, obtemos

$$\cos\alpha T = 1, isto \text{ é } \alpha T = 2\pi m, m \in \mathbb{Z},$$

Subtraindo a segunda equação da primeira e logo simplificando por 2, obtemos

$$T = 0, \ isto \text{ é } T = \pi k, k \in \mathbb{Z}.$$

Donde $\alpha\pi k = 2\pi m$. Como $T \neq 0$, então $k \neq 0$; e, portanto,

$$\alpha = \frac{2m}{k}, \ isto \text{ é } \alpha \in \mathbb{Q}.$$

Definição 5.1 O menor dos períodos positivos de uma função periódica chama-se período principal ou fundamental.

Assim, por exemplo, a função $y = |\cos x|$ possui período fundamental π.

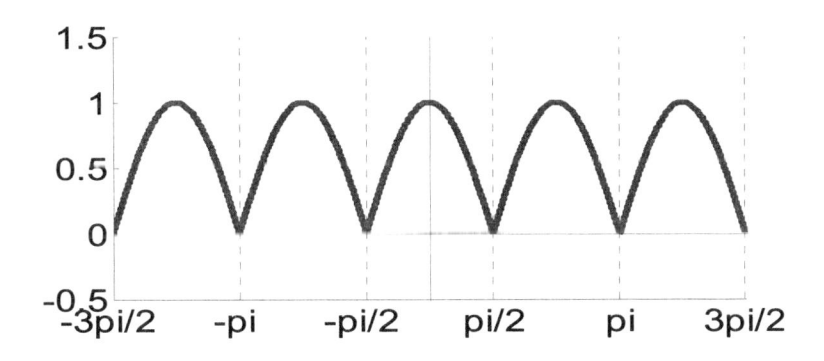

Figura19: Gráfico da função $y = |\cos x|$ com período fundamental $T = \pi$.

Exemplo 5.3 Encontre o período principal da função

$$y = 4\cos x + 2\cos 2x.$$

Observamos que o domínio da função é toda a reta numérica. Seja T o período da função dada, então para qualquer $x \in \mathbb{R}$ temos

$$4\cos(x + T) + 2\cos2(x + T) = 4\cos x + 2\cos2x.$$

Em particular se $x = 0$, obtemos

$$4\cos T + 2\cos2T = 6.$$

Como $\cos T \leq 1$ e $\cos2T \leq 1$, então $4\cos T + 2\cos2T \leq 6$. Por isso, o número T satisfaz o seguinte sistema

$$\begin{cases} \cos T = 1 \\ \cos2T = 1. \end{cases}$$

Entre todas as possíveis soluções deste sistema, a menor solução positiva é o número $T_o = 2\pi$.

De fato, $T_o = 2\pi$ é o menor período da função, pois $x + 2\pi$ e $x - 2\pi$ pertencem ao domínio da função e além disso

$$4\cos(x + 2\pi) + 2\cos2(x + 2\pi) = 4\cos x + 2\cos2x, \ x \in \mathbb{R}.$$

Desta forma, o número $T_o = 2\pi$ é o período principal da função $y = 4\cos x + 2\cos2x$.

Definição 5.2 A função de período $2l$

$$f(t) = A\cos\left(\frac{m\pi t}{l} + \theta\right), \tag{71}$$

onde $A > 0$-amplitude, $l > 0$, e θ-fase, uma constante e m-frequência, um número natural, define um movimento periódico chamado de movimento oscilatório.

A função (71) possui período $2l/m$, isto é, uma oscilação completa acontece no tempo $2l/m$:

$$f(t + 2l/m) = A\cos\left(\frac{m\pi(t + 2l/m)}{l} + \theta\right) =$$

$$= A\cos\left(\frac{m\pi t}{l} + 2\pi + \theta\right) = A\cos\left(\frac{m\pi t}{l} + \theta + 2\pi\right) =$$

$$= A\cos\left(\frac{m\pi t}{l} + \theta\right) = f(t).$$

Notemos que a função

$$a_m\cos\frac{m\pi}{l}t + b_m sen\frac{m\pi}{l}t, \left(\sqrt{a_m^2 + b_m^2} > 0\right),$$

onde $m \in \mathbb{N}$, também define um movimento oscilatório. De fato,

$$a_m\cos\frac{m\pi}{l}t + b_m sen\frac{m\pi}{l}t = \sqrt{a_m^2 + b_m^2}\left(\frac{a_m}{\sqrt{a_m^2 + b_m^2}}\cos\frac{m\pi}{l}t + \frac{b_m}{\sqrt{a_m^2 + b_m^2}}sen\frac{m\pi}{l}t\right) =$$

$$= A_m\cos\left(\frac{m\pi}{l}t + \omega_m\right),$$

onde $A_m = \sqrt{a_m^2 + b_m^2}$ e ω_m define-se de forma única, a partir das relações

$$\frac{a_m}{\sqrt{a_m^2 + b_m^2}} = \cos\omega_m, \frac{b_m}{\sqrt{a_m^2 + b_m^2}} = \text{sen}\omega_m, 0 \le \omega_m < 2\pi,$$

pois

$$\left|\frac{a_m}{\sqrt{a_m^2 + b_m^2}}\right| \le 1 \; e \; |\frac{b_m}{\sqrt{a_m^2 + b_m^2}}| \le 1.$$

Uma oscilação mais complexa pode-se obter como uma soma finita de osciladores harmônicos de período $2l$,

$$S_n(t) = \frac{a_o}{2} + \sum_{m=1}^{n} \left(a_m\cos\frac{m\pi}{l}t + b_m sen\frac{m\pi}{l}t\right).$$

Por fim, uma oscilação mais completa pode-se obter como uma série convergente

$$\frac{a_o}{2} + \sum_{m=1}^{\infty} \left(a_m\cos\frac{m\pi}{l}t + b_m sen\frac{m\pi}{l}t\right),$$

chamada de série trigonométrica.

5.1.2 Propriedade Ortogonal das Funções Trigonométricas

Para fins práticos, entenda-se, facilitar as contas, consideremos o seguinte sistema de funções trigonométricas ou *sistema trigonométrico*:

$$1, \text{sen}x, \cos x, \text{sen}2x, \cos 2x, \text{sen}3x, \cos 3x, ... \tag{72}$$

Observamos que a função constante 1 é periódica de período arbitrário, em particular, possui um período tão pequeno como queiramos. As funções $senx$ e $\cos x$ possuem período 2π, as funções $sen2x$ e $\cos 2x$ possuem período π, as funções $sen3x$ e $\cos 3x$ possuem período $2\pi/3$, e em geral as funções $senmx$ e $\cos mx$ possuem período $2\pi/m$. Assim o sistema (72) possui período fundamental 2π.

Seja V o conjunto de funções contínuas no intervalo $[a, b]$. Definimos o produto interno das funções $f, g \in V$ da seguinte forma:

$$< f, g >- \int_a^b f(x)y(x)dx.$$

Diz-se que duas funções $f, g \in V$ são ortogonais em V se $< f, g >= 0$.

Agora, mostremos que o sistema (72) é ortogonal no intervalo $[-\pi, \pi]$, no seguinte sentido:

$$\int_{-\pi}^{\pi} senkx \, senlxdx = \begin{cases} 0, & k \ne l, \\ \pi, & k = l, \end{cases} (k, l = 1,2,3, ... ,)$$

$$\int_{-\pi}^{\pi} \cos kx \, \cos lxdx = \begin{cases} 0, & k \ne l, \\ \pi, & k = l, \end{cases} (k, l = 0,1,2,3, ...) \tag{73}$$

$$\int_{-\pi}^{\pi} \cos kx \, sen \, lxdx = 0, \quad (k, l = 1,2,3, ... ,),$$

Além disto, é fácil verificar

$$\int_{-\pi}^{\pi} \cos kx\, dx = \int_{-\pi}^{\pi} \text{sen} kx\, dx = 0, \qquad (k = 1,2,3,\dots).$$

Cabe mencionar vide [3], que se a função f é 2π-periódica e é absolutamente integrável em qualquer intervalo $[a, a + 2\pi]$ de comprimento 2π, então

$$\int_a^{a+2\pi} f(t)dt = \int_{a-\pi}^{a+\pi} f(t)dt \overset{a=0}{=} \int_{-\pi}^{\pi} f(t)dt. \tag{74}$$

Também, é pertinente lembrar que se a função f é par, isto é, $f(-t) = f(t)$, então

$$\int_{-a}^{a} f(t)dt = 2 \int_0^a f(t)dt. \tag{75}$$

Se a função f é ímpar, isto é, $f(-t) = -f(t)$, então

$$\int_{-a}^{a} f(t)dt = 0. \tag{76}$$

5.2 Convergência de Séries Trigonométricas

Agora, pretendemos estudar a convergência das séries trigonométricas contínuas 2π periódicas

$$\frac{a_o}{2} + \sum_{k=1}^{\infty} (a_k \cos kt + b_k \text{sen} kt). \tag{77}$$

Para analisar a convegência da série (77), consideremos a série numérica

$$\frac{|a_o|}{2} + \sum_{k=1}^{\infty} (|a_k| + |b_k|), \tag{78}$$

que pode ser considerada como série majorante da série (77), pois, seus termos são maiores ou iguais que os termos da série (77):

$$|a_k \cos kt| \leq |a_k| \; e \; |b_k \text{sen} kt| \leq |b_k|.$$

Se a série (78) converge, então a série (77) converge absolutamente e pelo Teorema de Weierstrass converge uniformemente.

Assim, se de alguma forma é estabelecida a convergência uniforme da série (77), e levando em consideração que seus termos são funções contínuas de período 2π, segue que sua soma

$$f(t) = \frac{a_o}{2} + \sum_{k=1}^{\infty} (a_k \cos kt + b_k \text{sen} kt) \tag{79}$$

é uma função contínua e periódica de período 2π e ainda mais, a série (79) pode-se derivar e integrar termo a termo, ou seja,

$$\frac{df(t)}{dt} = \frac{d}{dt}\{\frac{a_o}{2} + \sum_{k=1}^{\infty} (a_k\cos kt + b_k\operatorname{sen}kt)\} =$$

$$= \sum_{k=1}^{\infty} (-ka_k\operatorname{sen}kt + kb_k\cos kt),$$

e

$$\int_{-\pi}^{\pi} f(t) = \int_{-\pi}^{\pi}\{\frac{a_o}{2} + \sum_{k=1}^{\infty} (a_k\cos kt + b_k\operatorname{sen}kt)\}dt =$$

$$= \int_{-\pi}^{\pi}\frac{a_o}{2}dt + \sum_{k=1}^{\infty} \int_{-\pi}^{\pi} [a_k\cos kt + b_k\operatorname{sen}kt]dt =$$

$$= \pi a_o.$$

5.2.1 Série de Fourier

Suponhamos que a função f contínua 2π-periódica possa ser desenvolvida em série trigonométrica,

$$f(x) = \frac{a_o}{2} + \sum_{k=1}^{\infty} (a_k\cos kx + b_k\operatorname{sen}kx), \ \forall x \ (ou \ \forall x, \ exceto \ alguns \ x). \tag{80}$$

Uma pergunta natural que surge é, como podemos calcular os coeficientes a_k e b_k a partir da função $f(x)$?. Esta questão foi respondida pelos matemáticos e físicos do século XIX, em particular por J. Fourier. Na verdade, Joseph Fourier estudou as séries trigonométricas do tipo (80), na tentativa de resolver a equação da propagação do calor numa barra unidimensional, e conseguiu explicitar os coeficientes de tais séries, que depois ficaram conhecidos como coeficientes de Fourier.

Proposição 5.1 Seja f uma função contínua periódica de período 2π cuja série trigonométrica é dada por (80) e suponhamos que ela converge uniformemente, então os coeficientes a_k e b_k podem ser calculados pelas seguintes fórmulas;

$$a_o = \frac{1}{\pi}\int_{-\pi}^{\pi} f(x)dx;$$

$$a_k = \frac{1}{\pi}\int_{-\pi}^{\pi} f(x)\cos kxdx, k = 1,2,3,...,; \tag{81}$$

$$b_k = \frac{1}{\pi}\int_{-\pi}^{\pi} f(x)\operatorname{sen}kxdx, k = 1,2,3,....$$

Demonstração: De fato, como a função f é contínua em $[-\pi,\pi]$ como uma soma de uma série uniformemente convergente, então podemos integrar a igualdade (80) para obter a_o, ou seja,

$$\int_{-\pi}^{\pi} f(x)dx = \int_{-\pi}^{\pi}\frac{a_o}{2}dx + \int_{-\pi}^{\pi}\sum_{k=1}^{\infty} (a_k\cos kx + b_k\operatorname{sen}kx)dx.$$

Pelas propriedades ortogonais (73), obtemos $\int_{-\pi}^{\pi} f(x)dx = \pi a_o$.

Para obter a_k, multiplicamos (80) por $\cos kx$ e logo integramos de $-\pi$ até π, e por último, usamos as propriedades ortogonais (73), e as fórmulas (74), (75) e (76) para obter:

$$\int_{-\pi}^{\pi} f(x)\cos kx dx = \int_{-\pi}^{\pi} a_k \cos^2 kx dx = \pi a_k.$$

Analogamente, calculamos b_k, multiplicando (80) por $sen kx$ e integrando

$$\int_{-\pi}^{\pi} f(x)\operatorname{sen} kx dx = \int_{-\pi}^{\pi} b_k \operatorname{sen}^2 kx dx = \pi b_k.$$

Donde seguem as fórmulas (81). ∎

Observamos que os termos da série trigonométrica são funções 2π periódicas e, por tanto, a soma da série trigonométrica também é uma função 2π periódica.

Definição 5.3 Seja f uma função contínua 2π periódica absolutamente integrável no intervalo $[-\pi, \pi]$. A série trigonométrica (80) com os coeficientes a_k, b_k definidos pelas fórmulas (81) chama-se série de Fourier da função f.

Observação 5.2 Cabe lembrar que o produto de duas funções pares ou ímpares é uma função par, enquanto o produto de uma função par com uma função ímpar é uma função ímpar, por isto,

1. se a função $f(x)$ é contínua, periódica de período 2π e par, então

$$a_k = \frac{1}{\pi}\int_{-\pi}^{\pi} f(x)\cos kx dx = \frac{2}{\pi}\int_{0}^{\pi} f(x)\cos kx dx, k = 0,1,2,\dots;$$
$$b_k = 0, \qquad k = 1,2,\dots.$$

2. Se a função $f(x)$ é contínua, periódica de período 2π e ímpar, então

$$a_k = 0, \qquad k = 0,1,2,\dots;$$
$$b_k = \frac{1}{\pi}\int_{-\pi}^{\pi} f(x)\operatorname{sen} kx dx = \frac{2}{\pi}\int_{0}^{\pi} f(x)\operatorname{sen} kx dx, k = 1,2,\dots;$$

Exemplo 5.4 Encontre a série de Fourier da função $f(x) = x^2$ (periódica 2π) no intervalo $(-\pi, \pi)$.

Como a função $f(x) = x^2$ é par, $b_k = 0$. Por isto, precisamos calcular somente os coeficientes a_k.

$$a_o = \frac{2}{\pi}\int_{0}^{\pi} x^2 dx = \frac{2}{\pi}\frac{x^3}{3}\Big|_0^\pi = \frac{2\pi^2}{3};$$

$$a_k = \frac{2}{\pi}\int_0^\pi x^2\cos kx\, dx = \frac{2}{k\pi}\int_0^\pi x^2 d\,\mathrm{sen}\,kx =$$

$$= \frac{2}{k\pi}\left[x^2\mathrm{sen}\,kx\big|_0^\pi - 2\int_0^\pi x\, d\,\mathrm{sen}\,kx\right] =$$

$$= \frac{2}{k\pi}\frac{2}{k}\int_0^\pi x\, d\cos kx = \frac{4}{k^2\pi}\int_0^\pi x\, d\cos kx =$$

$$= \frac{4}{k^2\pi}\left[x\cos kx\big|_0^\pi - \int_0^\pi \cos kx\, dx\right] =$$

$$= \frac{4}{k^3\pi}(\pi\cos k\pi) = \frac{4}{k^2}(-1)^k.$$

Desta forma,

$$x^2 = \frac{a_o}{2} + \sum_{k=1}^\infty a_k\cos kx = \frac{\pi^2}{3} + 4\sum_{k=1}^\infty \frac{(-1)^k}{k^2}\cos kx.$$

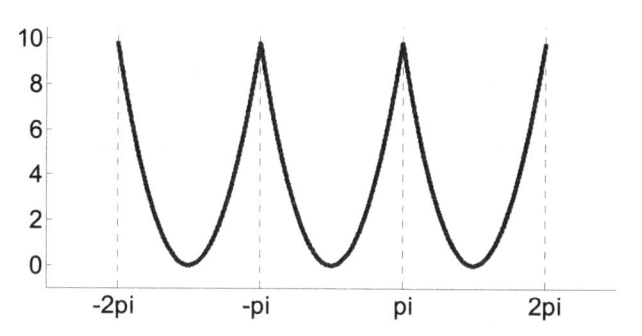

Figura 20: Gráfico da função $f(x) = x^2$ periódica 2π.

Observamos que $(-\pi)^2 = (\pi)^2$, ou seja, os valores da função nos extremos do intervalo são iguais.

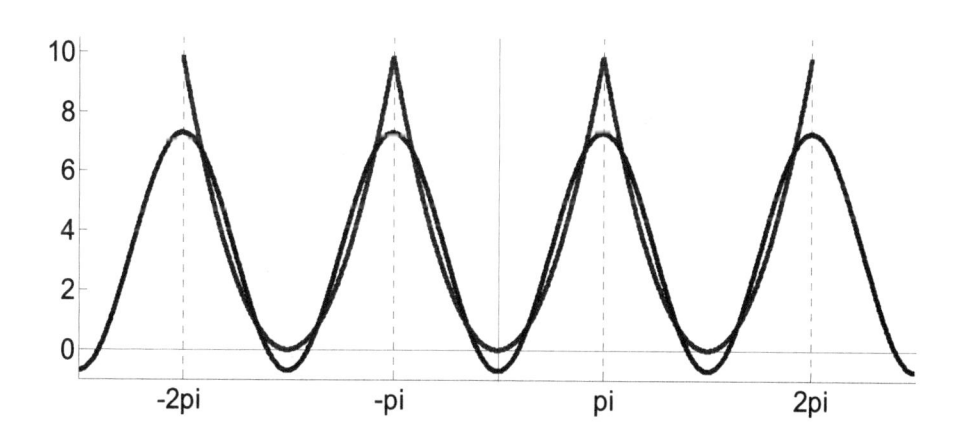

Figura 21: Gráfico da função $f(x) = x^2$ (linha vermelha) e da soma finita da série de Fourier para n=1 (linha azul).

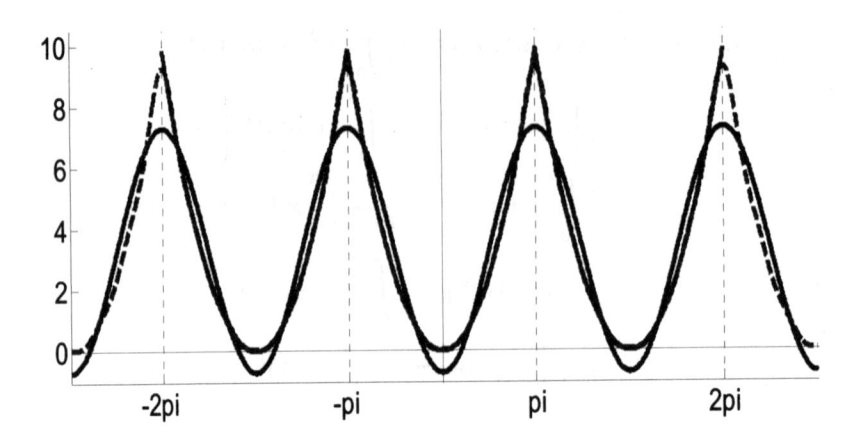

Figura 22: Gráfico da função $f(x) = x^2$ (linha vermelha) e da soma finita da serie de Fourier para n =1 (linha azul) e para n=6 (linha pontilhada verde).

Exemplo 5.5 Encontre a série de Fourier da função $f(x) = x$ (periódica 2π) no intervalo $(-\pi, \pi)$.

Como a função $f(x) = x$ é ímpar, $a_k = 0$. Precisamos calcular somente os coeficientes b_k.

$$
\begin{aligned}
b_k &= \frac{2}{\pi} \int_0^\pi sen\, kx dx = -\frac{2}{k\pi} \int_0^\pi x d\cos kx = \\
&= -\frac{2}{k\pi} \left[x\cos kx \big|_0^\pi - \int_0^\pi \cos kx dx \right] = \\
&= -\frac{2}{k\pi} (\pi\cos k\pi) = -\frac{2\pi}{k\pi}(-1)^k = \\
&= \frac{2}{k}(-1)^{k+1}.
\end{aligned}
$$

Assim,

$$
x = \sum_{k=1}^{\infty} b_k senkx = \sum_{k=1}^{\infty} \frac{2}{k}(-1)^{k+1} senkx = 2\sum_{k=1}^{\infty} \frac{(-1)^{k+1}}{k} sen\, kx.
$$

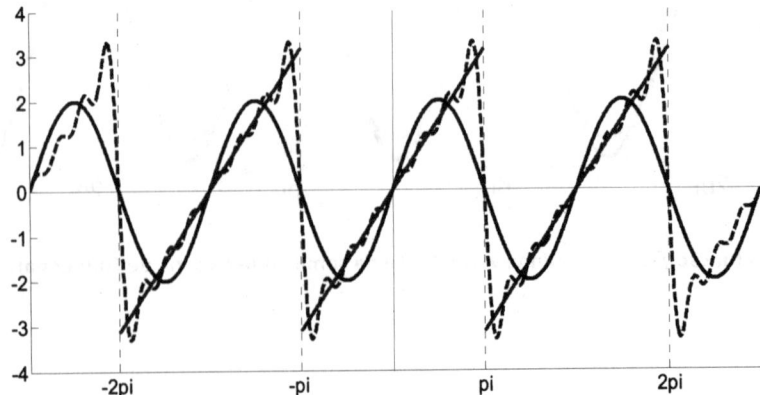

Figura 23: Gráfico da função $f(x) = x$ (linha vermelha) e da soma finita da serie de Fourier para n =1 (linha azul) e para n=6 (linha pontilhada verde).

Mas, $f(-\pi) = -\pi \neq f(\pi) = \pi$, isto é, os valores da função nos extremos do intervalo não são iguais. Isto significa que nestes pontos a função não é contínua. Como proceder nestes casos? A resposta será dada na próxima seção.

5.3 Teorema de Dirichlet

A série de Fourier da função $f(x)$ será convergente e sua soma será igual a $f(x)$ desde que possamos fazer algumas limitações com relação a função $f(x)$. Em primeiro lugar, vamos supor que a função $f(x)$, definida no intervalo $(-\pi, \pi)$, seja contínua ou seccionalmente contínua, isto é, a função possua um número limitado de pontos de descontinuidade neste intervalo e, todos estes pontos de descontinuidade possuem a seguinte propriedade: $x = x_o$ é um ponto de descontinuidade de primeira espécie, ou seja, existem os limites laterais e são diferentes:

$$\lim_{\substack{h \to 0 \\ h > 0}} f(x_o + h), \quad \lim_{\substack{h \to 0 \\ h < 0}} f(x_o + h)$$

E, também, vamos supor que o intervalo $(-\pi, \pi)$ possa ser dividido em um número finito de subintervalos, tais que, em cada subintervalo a função $f(x)$ seja monótona.

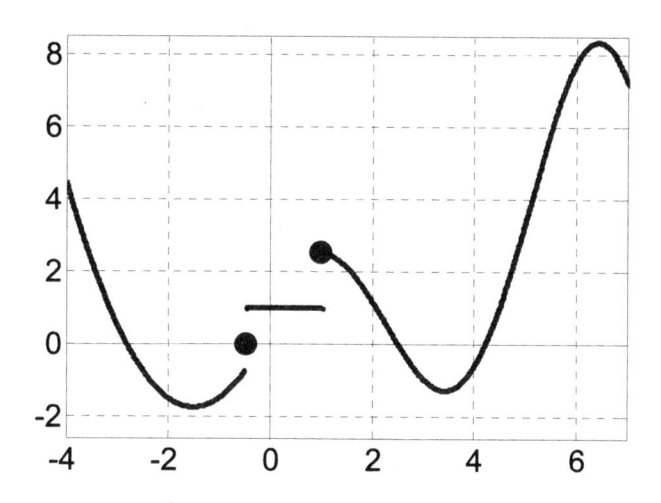

Figura 24: Gráfico de uma função seccionalmente contínua.

5.3.1 Condições de Dirichlet

As condições impostas à função $f(x)$ nas linhas acima, podem ser formuladas em termos das condições de Dirichlet.

Diz-se que uma função f satisfaz as **condições de Dirichlet** num intervalo (α, β), se neste intervalo cumprem-se:

- $|f(x)| \leq M, \forall x \in (\alpha, \beta)$, onde M é uma constante;

- a função f é seccionalmente contínua no intervalo (α, β);

  - a função f possui um número finito de pontos x_0 de descontinuidade de primeira espécie,

$$f(x_0^+) = \lim_{\substack{h \to 0 \\ h>0}} f(x_o + h)$$

$$f(x_0^-) = \lim_{\substack{h \to 0 \\ h<0}} f(x_o + h)$$

- a função f possui em cada ponto as derivadas laterais à direita e à esquerda,

$$f'_+(x_o) = \lim_{t \to 0^+} \frac{f(x_o + t) - f(x_o)}{t},$$

$$f'_-(x_o) = \lim_{t \to 0^+} \frac{f(x_o - t) - f(x_o)}{-t},$$

- a função f possui um número finito de pontos de extremo.

Teorema 5.1(Dirichlet) Seja a função f definida no intervalo $(-\pi, \pi)$. Se a função f satisfaz neste intervalo as condições de Dirichlet, então a série de Fourier desta função converge em todo o intervalo $(-\pi, \pi)$ e a soma desta série é igual a:

1. $f(x)$ em todos os pontos de continuidade do intervalo $(-\pi, \pi)$;

2. $\frac{f(x_o^-)+f(x_o^+)}{2}$ em todos os pontos de descontinuidade de primeira espécie; onde $f(x_o^-)$, e $f(x_o^+)$ representam os limites laterais à esquerda e à direita respectivamente da função f no ponto x_o;

3. $\frac{f(-\pi^+)+f(\pi^-)}{2}$ nos extremos do intervalo, ou seja quando $x = -\pi$ e $x = \pi$.

Antes de mostrar o Teorema de Dirichlet vamos enunciar e provar dois resultados importantes.

Teorema 5.2 (Riemann) Seja a função f absolutamente integrável no intervalo (a, b)(o intervalo pode ser infinito). Então

$$\lim_{\beta \to \infty} \int_a^b f(x)\cos\beta x\, dx = \lim_{\beta \to \infty} \int_a^b f(x)\mathrm{sen}\beta x\, dx = 0.$$

Prova: Vamos supor, sem perda de generalidade, que $a = -\infty$ e $b = +\infty$. Como a função é absolutamente integrável no intervalo (a, b), então

$$\int_{-\infty}^{\infty} |f(x + \delta) - f(x)|dx \to 0 \; quando \; \delta \to 0. \tag{82}$$

Trocando a variável x por $x + \frac{\pi}{\beta}$ na integral $\int_a^b f(x)\cos\beta x\, dx$, obtemos

$$R(\beta) = \int_{-\infty}^{\infty} f(x)\cos\beta x\,dx = \int_{-\infty}^{\infty} f(x + \frac{\pi}{\beta})\cos\beta(x + \frac{\pi}{\beta})dx =$$

$$= \int_{-\infty}^{\infty} f(x + \frac{\pi}{\beta})\cos(\beta x + \pi) = \int_{-\infty}^{\infty} f(x + \frac{\pi}{\beta})(\cos\beta x\cos\pi - \beta x\,sen\pi) =$$

$$= -\int_{-\infty}^{\infty} f(x + \frac{\pi}{\beta})\cos\beta x\,dx =$$

$$= -\frac{1}{2}\int_{-\infty}^{\infty} f(x + \frac{\pi}{\beta})\cos\beta x\,dx - \frac{1}{2}\int_{-\infty}^{\infty} f(x + \frac{\pi}{\beta})\cos\beta x\,dx =$$

$$= -\frac{1}{2}\int_{-\infty}^{\infty} f(x + \frac{\pi}{\beta})\cos\beta x\,dx + \frac{1}{2}\int_{-\infty}^{\infty} f(x)\cos\beta x\,dx =$$

$$= -\frac{1}{2}\int_{-\infty}^{\infty} \left[f(x + \frac{\pi}{\beta}) - f(x)\right]\cos\beta x\,dx.$$

Por (82)

$$|R(\beta)| \leq \frac{1}{2}\int_{-\infty}^{\infty} \left|f\left(x + \frac{\pi}{\beta}\right) - f(x)\right| dx \to 0 \ (\beta \to \infty).$$

Para a integral $\lim_{\beta\to\infty} \int_a^b f(x)sen\beta x\,dx$ o raciocínio é análogo. ■

Proposição 5.2 Seja $D_n(x) = \frac{1}{2} + \sum_{k=1}^{n} \cos kx$ o Núcleo de Dirichlet, então

$$D_n(x) = \frac{sen\left(n + \frac{1}{2}\right)x}{2sen\frac{x}{2}} \quad e \quad \frac{1}{\pi}\int_{-\pi}^{\pi} D_n(x)dx = 1.$$

Prova: Seja

$$D_n(x) = \frac{1}{2} + \cos x + \cos 2x + \cos 3x + \cdots + \cos nx$$

Multiplicando esta expressão por $2sen\frac{x}{2}$, obtemos

$$2sen\frac{x}{2}D_n(x) = \frac{1}{2}2sen\frac{x}{2} + 2sen\frac{x}{2}\cos x + 2sen\frac{x}{2}\cos 2x + 2sen\frac{x}{2}\cos 3x +$$

$$+ \cdots + 2\frac{x}{2}\cos nx =$$

$$= sen\frac{x}{2} + \left(sen\frac{3x}{2} - sen\frac{x}{2}\right) + \left(sen\frac{5x}{2} - sen\frac{3x}{2}\right) + \left(sen\frac{5x}{2} - sen\frac{3x}{2}\right) +$$

$$+ \cdots + \left(sen\frac{(2n + 1)x}{2} - sen\frac{(2n - 1)x}{2}\right) =$$

$$= sen\frac{(2n + 1)x}{2} =$$

$$= sen(n + \frac{1}{2})x.$$

Donde

$$D_n(x) = \frac{\text{sen}(n + \frac{1}{2})x}{2\text{sen}\frac{x}{2}}.$$

Agora, vamos integrar o Núcleo de Dirichlet $D_n(x)$ e levando em consideração que ele é par, obtemos

$$\int_0^\pi D_n(x)dx = \int_0^\pi \left(\frac{1}{2} + \sum_{k=1}^n \cos kx\right) dx$$

$$\frac{1}{2}\int_{-\pi}^\pi D_n(x)dx = \frac{1}{2}\pi$$

$$\frac{1}{\pi}\int_{-\pi}^\pi D_n(x)dx = 1.$$

Além do mais, é fácil verificar que $D_n(0) = n + \frac{1}{2}$. De fato,

$$D_n(0) = \lim_{x\to 0}\frac{\text{sen}(n+\frac{1}{2})x}{2\text{sen}\frac{x}{2}} = \lim_{x\to 0}\frac{\frac{(n+\frac{1}{2})\text{sen}(n+\frac{1}{2})x}{(n+\frac{1}{2})x}}{\frac{2\text{sen}\frac{x}{2}}{x}} =$$

$$= (n + \frac{1}{2})\frac{\lim_{x\to 0}\text{sen}\frac{(n+\frac{1}{2})x}{(n+\frac{1}{2})x}}{\lim_{x\to 0}\frac{\text{sen}\frac{x}{2}}{\frac{x}{2}}} =$$

$$= n + \frac{1}{2}. \qquad \blacksquare$$

Denotemos por $S_n(x, f)$ a soma parcial de Fourier

$$S_n(x,f) = \frac{a_o}{2} + \sum_{k=1}^n a_k\cos kx + b_k\text{sen}kx.$$

Transformemos esta soma substituindo as expressões dos coeficientes de Fourier a_n e b_n dadas por (81). Obtemos

$$S_n(x,f) \;=\; \frac{1}{2\pi}\int_{-\pi}^{\pi} f(t)dt + \sum_{k=1}^{n}\left[\frac{1}{\pi}\int_{-\pi}^{\pi} f(t)\cos kt\,dt\cos kx + \frac{1}{\pi}\int_{-\pi}^{\pi} f(t)\mathrm{sen}\,kt\,dt\,\mathrm{sen}\,kx\right] =$$

$$= \frac{1}{2\pi}\int_{-\pi}^{\pi} f(t)dt + \sum_{k=1}^{n}\frac{1}{\pi}\int_{-\pi}^{\pi} f(t)[\cos kt\cos kx + kt\,\mathrm{sen}\,kx]dt =$$

$$= \frac{1}{2\pi}\int_{-\pi}^{\pi} f(t)dt + \sum_{k=1}^{n}\frac{1}{\pi}\int_{-\pi}^{\pi} f(t)\cos k(t-x)\,dt =$$

$$= \frac{1}{\pi}\int_{-\pi}^{\pi} f(t)\left[\frac{1}{2} + \sum_{k=1}^{n}\cos k(t-x)\right]dt =$$

$$= \frac{1}{\pi}\int_{-\pi}^{\pi} D_n(t-x)f(t)dt.$$

Trocando t por $t + x$ na última integral, obtemos

$$\begin{aligned} S_n(x,f) &= \tfrac{1}{\pi}\int_{-\pi}^{\pi} D_n(t)f(x+t)dt = \\ &= \tfrac{1}{\pi}\left(\int_{-\pi}^{0} D_n(t)f(x+t)dt + \int_{0}^{\pi} D_n(t)f(x+t)dt\right) = \\ &= \tfrac{1}{\pi}\int_{0}^{\pi} D_n(t)[f(x+t) + f(x-t)]dt. \end{aligned} \tag{83}$$

Seja $\delta, 0 < \delta < \pi$, transformemos a última integral na seguinte forma

$$\begin{aligned} S_n(x,f) &= \frac{1}{\pi}\int_{0}^{\pi} D_n(t)[f(x+t) + f(x-t)]dt = \\ &= \frac{1}{\pi}\int_{0}^{\delta} D_n(t)[f(x+t) + f(x-t)]dt + \frac{1}{\pi}\int_{\delta}^{\pi} D_n(t)[f(x+t) + f(x-t)]dt = \\ &= \frac{1}{\pi}\int_{0}^{\delta} \frac{f(x+t) + f(x-t)}{2\mathrm{sen}\frac{t}{2}}\,\mathrm{sen}((n+\tfrac{1}{2})t)dt + \frac{1}{\pi}\int_{\delta}^{\pi} \frac{f(x+t) + f(x-t)}{2\mathrm{sen}\frac{t}{2}}\,\mathrm{sen}((n+\tfrac{1}{2})t)dt. \end{aligned}$$

Como $t > \delta, 2\mathrm{sen}\frac{t}{2} > 0$, e, por isto, a fração integral é absolutamente integrável em t. Agora, o segundo integral pelo Teorema de Riemann tende a zero quando $n \to \infty$. Assim, chegamos a seguinte afirmação. Para $x_o \in \mathbb{R}$ e $0 < \delta < \pi$, os limites

$$\lim_{n\to\infty} S_n(x_o, f),$$

e

$$\lim_{n\to\infty}\frac{1}{\pi}\int_{0}^{\delta} \frac{f(x_o + t) + f(x_o - t)}{2\mathrm{sen}\frac{t}{2}}\,\mathrm{sen}((n+\tfrac{1}{2})t)dt$$

existem ou não simultaneamente e são iguais quando existem.

Prova do Teorema 5.1 de Dirichlet: Seja x_o um ponto de descontinuidade de primeira espécie da função f. Da fórmula (83) e da Proposição 5.2 obtemos

$$S_n(x_o, f) - \frac{f(x_o^-) + f(x_o^+)}{2} =$$

$$= \frac{1}{\pi} \int_0^{\pi} D_n(t)[f(x_o + t) + f(x_o - t)]dt - \frac{f(x_o^-) + f(x_o^+)}{2} \frac{2}{\pi} \int_0^{\pi} D_n(t)dt =$$

$$= \frac{1}{\pi} \int_0^{\pi} [\frac{f(x_o + t) - f(x_o^+)}{t} +$$

$$+ \frac{f(x_o - t) - f(x_o^-)}{t}] \frac{t}{2\operatorname{sen}\frac{t}{2}} \operatorname{sen}\left((n + \frac{1}{2})t\right) dt.$$

A fração $\frac{t}{2\operatorname{sen}\frac{t}{2}}$ pode ser redefinida por 1 quando $t = 0$ e, portanto, é uma função contínua no intervalo $[0, \pi]$. A fração $\frac{f(x_o+t)-f(x_o^+)}{t}$ é uma função integrável no intervalo $[0, \pi]$, pois seu numerador é integrável, e quando $t \to 0^+$ a fração possui limite finito (derivada lateral a direita). A mesma coisa podemos dizer com relação a segunda fração do colchete. Portanto, o fator $(n + \frac{1}{2})t$ na expressão subintegral da última integral é absolutamente integrável no intervalo $[0, \pi]$. Pelo Teorema de Riemann, vemos que a última integral tende a zero quando $n \to \infty$. Assim

$$\lim_{n \to \infty} S_n(x_o, f) = \frac{f(x_o^-) + f(x_o^+)}{2}. \qquad \blacksquare$$

No exemplo anterior, observamos que a função $f(x) = x$ é descontínua nos extremos do intervalo: $x = \pm\pi$. Mas a média aritmética dos limites à esquerda e a direita da função é igual a zero, pois $f(-\pi^+) = -\pi$ e $f(\pi^-) = \pi$.

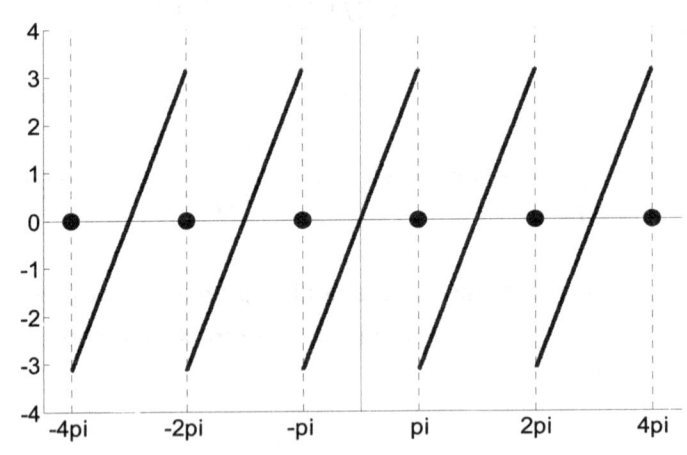

Figura 25: Gráfico da função $f(x) = x$, 2π periódica.

Desta forma o Teorema de Dirichlet nos dá o seguinte resultado:

$$x = 2 \sum_{k=1}^{\infty} \frac{(-1)^{k+1}}{k} \operatorname{sen} kx = 2\left(\frac{\operatorname{sen} x}{1} - \frac{\operatorname{sen} 2x}{2} + \cdots + \frac{(-1)^{k+1} \operatorname{sen} kx}{2} + \cdots\right)$$

$$= \begin{cases} x & \text{quando } -\pi < x < \pi \\ 0 & \text{quando } \quad x = \pm\pi \end{cases}$$

5.4 Desenvolvimento no Intervalo$(0, \pi)$

Nos exemplos da seção anterio foi possível simplificar os cálculos dos coeficientes de Fourier, pois usamos o fato da função ser par ou ímpar no intervalo $(-\pi, \pi)$.

Em geral se aplicarmos a observação 5.2 as integrais (81) que definem os coeficintes de Fourier, obtemos

$$a_k = \frac{2}{\pi}\int_0^\pi f(x)\cos kx dx, \quad b_k = 0 \qquad (*)$$

se $f(x)$ é par, e

$$a_k = 0, \quad b_k = \frac{2}{\pi}\int_0^\pi f(x)\operatorname{sen}kx dx, \qquad (84)$$

se $f(x)$ é ímpar. E portanto, suas respectivas séries de Fourier são

$$\frac{a_o}{2} + \sum_{k=1}^\infty a_k \cos kx dx, \qquad (85)$$

e

$$\sum_{k=1}^\infty b_k \operatorname{sen}kx dx. \qquad (86)$$

Agora suponhamos que a função $f(x)$ esteja definida no intervalo $(0, \pi)$. Esta função pode ser desenvolvida no intervalo $(0, \pi)$ como uma série da forma (85), contendo somente cossenos, e cujos coeficientes calculam-se pela fórmula $(*)$ e também como uma série (86), contendo somente senos, cujos coeficientes calculam-se pela fórmula (84). Ambas as séries terão no intervalo $(0, \pi)$ sua soma igual a $f(x)$ ou a média aritmética nos pontos de descontinuidade de primeira espécie. Mas, fora do intervalo $(0, \pi)$, estas séries podem representar qualquer função. A série de cossenos nos dá uma função obtida de $f(x)$ continuada de forma par no intervalo $(-\pi, 0)$, e, portanto, será uma extensão periódica de período 2π fora do intervalo $(-\pi, \pi)$.

Desta forma, quando desenvolvemos em série de cossenos:

$$f(0^-) = f(0^+), \qquad f(-\pi^+) = f(\pi^-),$$

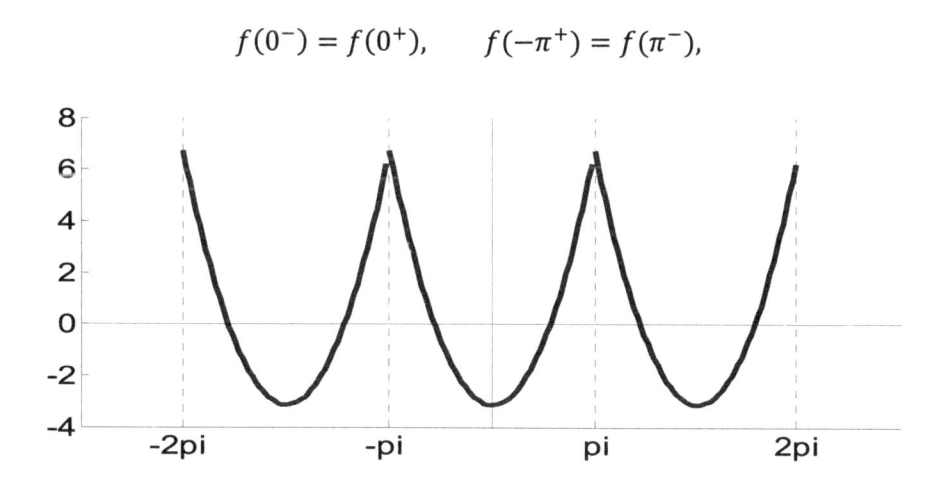

Figura 26: Função $f(x)$ periódica 2π em séries de cossenos.

A série de senos nos dá uma função obtida de $f(x)$ continuada de forma ímpar no intervalo $(-\pi, 0)$, e, portanto, será uma extensão periódica de período 2π fora do intervalo $(-\pi, \pi)$.

Quando desenvolvemos em série de senos:

$$f(0^-) = -f(0^+), \qquad f(-\pi^+) = -f(\pi^-),$$

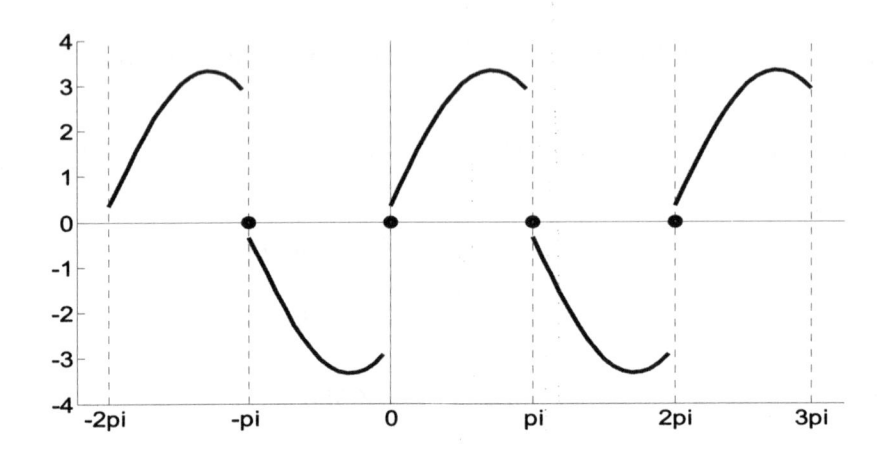

Figura 27: Função $f(x)$ periódica 2π em séries de senos.

Exemplo 5.6 Desenvolver em série de Fourier de cossenos a função $f(x) = x$ no intervalo $(0, \pi)$.

Devemos ter

$$x = \frac{a_o}{2} + \sum_{k=1}^{\infty} a_k \cos kx dx, \qquad com \; a_o = \frac{2}{\pi} \int_0^\pi x dx = \pi,$$

$$a_k = \frac{2}{\pi} \int_0^\pi x \cos kx dx = \frac{2}{\pi k^2}[(-1)^k - 1] = \begin{cases} 0, & k \; par \\ -\dfrac{4}{\pi k^2} & k \; ímpar. \end{cases}$$

Donde

$$x = \frac{\pi}{2} - \frac{4}{\pi}\left(\frac{\cos x}{1^2} + \frac{\cos 3x}{3^2} + \cdots + \frac{\cos(2k-1)x}{(2k-1)^2} + \cdots\right).$$

No intervalo $(-\pi, 0)$, a soma da série vai coincidir quando tomamos no lugar de x, $-x$, isto é, em todo o intervalo $(-\pi, \pi)$ ela coincide com a função $|x|$:

$$|x| = \frac{\pi}{2} - \frac{4}{\pi}\left(\frac{\cos x}{1^2} + \frac{\cos 3x}{3^2} + \cdots + \frac{\cos(2k-1)x}{(2k-1)^2} + \cdots\right).$$

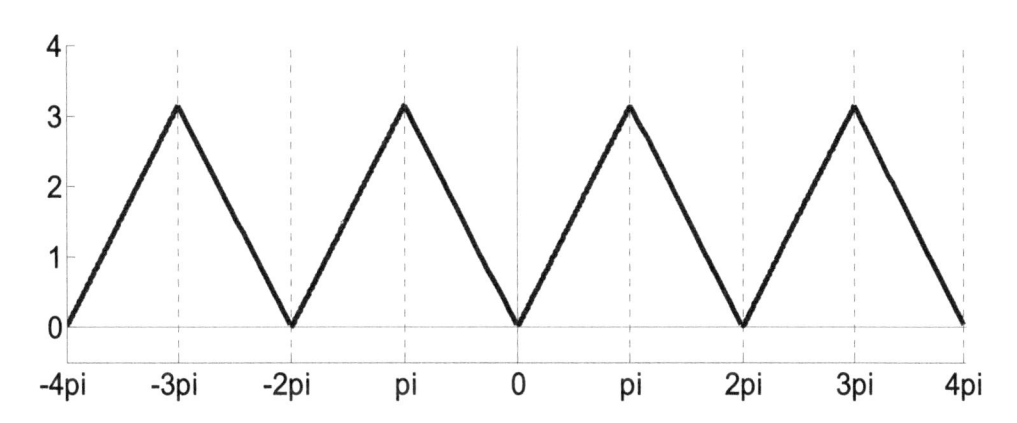

Figura 24: Gráfico da função $f(x) = $ x **(linha vermelha)**

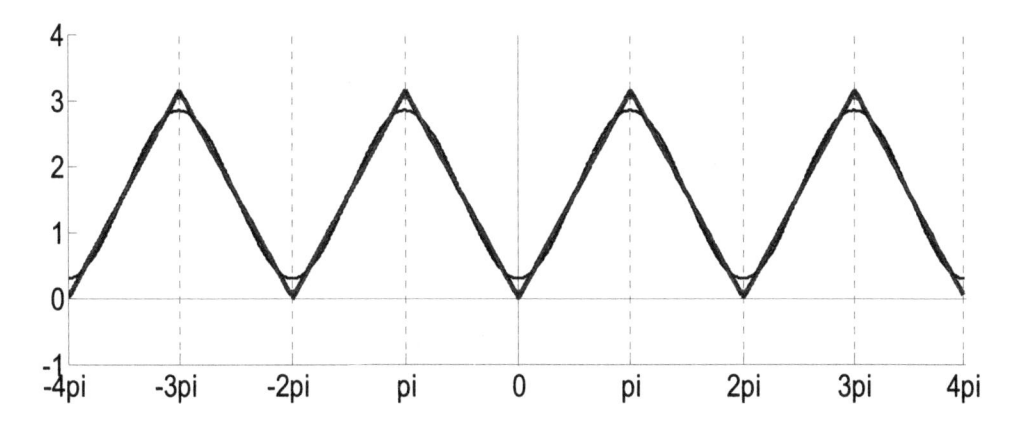

Figura 25: Gráfico da função $f(x) = $ x **(linha vermelha) e da soma finita da série de Fourier para n =1 (linha azul) e para n=5 (linha pontilhada verde).**

Exemplo 5.7 Desenvolver em série de Fourier de senos a função $f(x) = \frac{\pi}{4}$ no intervalo $(0, \pi)$.

Como queremos a série de Fourier de senos (86), devemos ter $a_n = 0, n = 0,1,2, \dots$ e

$$b_n = \frac{2}{\pi} \int_0^\pi f(x) \operatorname{sen} nx\, dx.$$

Assim,

$$
\begin{aligned}
b_n \quad &= \frac{2}{\pi} \int_0^\pi f(x) \operatorname{sen} nx\, dx = \frac{2}{\pi} \int_0^\pi \frac{\pi}{4} \operatorname{sen} nx\, dx = \\
&= \frac{1}{2} \int_0^\pi \operatorname{sen} nx\, dx = -\frac{1}{2} \frac{\cos nx}{n} \Big|_0^\pi = \\
&= -\frac{1}{2n} [\cos n\pi - 1] = -\frac{1}{2n} [(-1)^n - 1] = \\
&= -\frac{-2}{2(2n-1)} = \frac{1}{2n-1}.
\end{aligned}
$$

Portanto, de acordo com a (86)

$$\frac{\pi}{4} = \sum_{n=1}^{\infty} b_n sennxdx = \sum_{n=1}^{\infty} \frac{1}{2n-1} \operatorname{sen}(2n-1)xdx. \tag{87}$$

Se no desenvolvimento (87) consideramos $x = \frac{\pi}{2}$, obtemos

$$\frac{\pi}{4} = \sum_{n=1}^{\infty} \frac{1}{2n-1} \operatorname{sen}(2n-1)\frac{\pi}{2}dx =$$

$$= \sum_{n=1}^{\infty} \frac{(-1)^{n+1}}{2n-1} =$$

$$= 1 - \frac{1}{3} + \frac{1}{5} - \frac{1}{7} + \cdots.$$

Exemplo 5.8 Desenvolva em série de senos a função $f(x)$ definida por

$$f(x) = \begin{cases} \operatorname{sen}\dfrac{\pi x}{l} & 0 < x < \dfrac{l}{2}; \\ 0 & \dfrac{l}{2} < 0 < l. \end{cases}$$

Neste caso, temos $a_k = 0$ e

$$b_k = \frac{2}{l}\int_0^l f(x)\operatorname{sen}\frac{k\pi x}{l}dx = \frac{2}{l}\int_0^{l/2} \operatorname{sen}\frac{\pi x}{l}\operatorname{sen}\frac{k\pi x}{l}dx,$$

como no intervalo $(\frac{l}{2}, l)$, a função é nula, então após alguns cálculos, obtemos

$$b_k = \begin{cases} 0, & k > 1(\text{ímpar}); \\ -\dfrac{(-1)^{\frac{k}{2}}2k}{\pi(k^2-1)}, & k \text{ par} \end{cases}$$

$$b_1 = \frac{1}{2},$$

tal que

$$\frac{1}{2}\operatorname{sen}\frac{\pi x}{l} - \frac{4}{\pi}\sum_{n=1}^{\infty} \frac{(-1)^n n}{4n^2-1}\operatorname{sen}\frac{2n\pi x}{l} = \begin{cases} \operatorname{sen}\dfrac{\pi x}{l} & 0 < x < \dfrac{l}{2}; \\ 0 & \dfrac{l}{2} < 0 < l; \\ \dfrac{1}{2} & x = \dfrac{l}{2}; \\ 0 & x = 0 \text{ ou } l. \end{cases}$$

5.5 Série de Fourier das Funções 2*l*-periódicas

Agora, consideremos uma função $f(x)$ de período 2*l*, com $l \neq \pi$. Queremos encontrar seu desenvolvimento em série de Fourier no intervalo $(-l, l)$. Escrevamos a seguinte mudança de variável

$$x = \frac{lt}{\pi}, \ donde \ t = \frac{\pi x}{l}. \tag{88}$$

Pondo

$$f(x) = f\left(\frac{lt}{\pi}\right),$$

observamos que $f\left(\frac{lt}{\pi}\right)$ é 2π periódica. De fato,

$$f\left(\frac{l(t + 2\pi)}{\pi}\right) = f\left(\frac{lt}{\pi} + 2l\right) = f\left(\frac{lt}{\pi}\right) = f(x).$$

Assim, $f\left(\frac{lt}{\pi}\right)$ é 2π periódica e por isto sua série de Fourier no intervalo $[-\pi, \pi]$ é dado por:

$$f\left(\frac{lt}{\pi}\right) = \frac{a_o}{2} + \sum_{k=1}^{\infty} (a_k \cos kt + b_k \, sen \, kt), \tag{89}$$

onde,

$$a_o = \frac{1}{\pi} \int_{-\pi}^{\pi} f\left(\frac{lt}{\pi}\right) dt, a_k = \frac{1}{\pi} \int_{-\pi}^{\pi} f\left(\frac{lt}{\pi}\right) \cos kt dt,$$

$$b_k = \frac{1}{\pi} \int_{-\pi}^{\pi} f\left(\frac{lt}{\pi}\right) sen \, kt dt.$$

Por (88), temos $dt = \frac{\pi}{l} dx$, e por isso,

$$\begin{cases} a_o \quad\quad = \frac{1}{\pi} \int_{-\pi}^{\pi} f\left(\frac{lt}{\pi}\right) dt = \frac{1}{l} \int_{-l}^{l} f(x) dx; \\ a_k \quad = \frac{1}{\pi} \int_{-\pi}^{\pi} f\left(\frac{lt}{\pi}\right) \cos kt dt = \frac{1}{l} \int_{-l}^{l} f(x) \cos \frac{k\pi}{l} x dx; \\ b_k \quad = \frac{1}{\pi} \int_{-\pi}^{\pi} f\left(\frac{lt}{\pi}\right) sen \, kt dt = \frac{1}{l} \int_{-l}^{l} f(t) sen \frac{k\pi}{l} x dx. \end{cases} \tag{90}$$

Desta forma a série (89) é transformada na série

$$f(x) = \frac{a_o}{2} + \sum_{k=1}^{\infty} \left(a_k \cos \frac{k\pi}{l} x + b_k sen \frac{k\pi}{l} x\right), \tag{91}$$

onde os coeficientes a_k e b_k são funções periódicas de período 2*l* e calculam-se pelas fórmulas (90).

Exemplo 5.9 Desenvolva a função $f(x) = x \cos x, x \in \left[-\frac{\pi}{2}, \frac{\pi}{2}\right]$ em série de Forier.

Como a função $f(x) = x \cos x$ é ímpar, temos $a_n = 0, n = 0, 1, 2, \dots$ Também, a função é π-periódica, e por isto $l = \frac{\pi}{2}$.

$$b_n = \frac{1}{\frac{\pi}{2}}\int_{-\frac{\pi}{2}}^{\frac{\pi}{2}} f(x)\operatorname{sen}\frac{n\pi x}{\frac{\pi}{2}}dx = \frac{1}{\frac{\pi}{2}}\int_{-\frac{\pi}{2}}^{\frac{\pi}{2}} x\cos x\operatorname{sen}\frac{n\pi x}{\pi/2}dx =$$

$$= \frac{4}{\pi}\int_0^{\pi/2} x\cos x \operatorname{sen}2nx\,dx = \frac{4}{\pi}\int_0^{\pi/2} x.\frac{\operatorname{sen}(2n+1)x - \operatorname{sen}(1-2n)x}{2}dx =$$

$$= \frac{2}{\pi}\int_0^{\pi/2}[x\operatorname{sen}(2n+1)x + x\operatorname{sen}(2n-1)x]dx =$$

$$= \frac{2}{\pi}\left\{-\frac{1}{2n+1}\int_0^{\pi/2} x\,d(\cos(2n+1)x - \frac{1}{2n-1}\int_0^{\pi/2} x\,d(\cos(2n-1)x\right\} =$$

$$= \frac{2}{\pi}\left\{-\frac{1}{2n+1}\left[x\cos(2n+1)x|_0^{\pi/2} - \int_0^{\pi/2}\cos(2n+1)x\,dx\right]\right\} -$$

$$- \frac{2}{\pi}\left\{\frac{1}{2n-1}\left[x\cos(2n-1)x|_0^{\pi/2} - \int_0^{\pi/2}\cos(2n-1)x\,dx\right]\right\} =$$

$$= \frac{2}{\pi}\left\{\frac{1}{(2n+1)^2}\operatorname{sen}(2n+1)\frac{\pi}{2} + \frac{1}{(2n-1)^2}\operatorname{sen}(2n+1)\frac{\pi}{2}\right\} =$$

$$= \frac{2}{\pi}\left\{\frac{(-1)^n}{(2n+1)^2} + \frac{(-1)^{n+1}}{(2n-1)^2}\right\} = \frac{2}{\pi}\left\{\frac{(2n-1)^2(-1)^n + (2n+1)^2(-1)^{n+1}}{(4n^2-1)^2}\right\} =$$

$$= \frac{2}{\pi}\left\{\frac{(2n-1)^2(-1)^n - (2n+1)^2(-1)^n}{(4n^2-1)^2}\right\} =$$

$$= \frac{2}{\pi}.\frac{8n(-1)^{n+1}}{(4n^2-1)^2} =$$

$$= \frac{16n(-1)^{n+1}}{\pi(4n^2-1)^2}.$$

Assim,

$$x\cos x = \frac{16}{\pi}\sum_{n=1}^{\infty}\frac{n(-1)^{n+1}}{(4n^2-1)^2}\operatorname{sen}2nx.$$

Exemplo 5.10 Desenvolva a função $f(x) = \frac{x^2}{2}, x \in [-2,2]$ em série de Forier.

Como a função $f(x) = \frac{x^2}{2}$ é par, temos $b_n = 0, n = 1,2,3, \dots$ Também, a função é 4-periódica, e por isto $l = 2$.

$$a_o = \frac{1}{2}\int_{-2}^2 \frac{x^2}{2}dx = \frac{1}{2}\int_0^2 x^2 dx = \frac{1}{2}\frac{x^3}{3}|_0^2 = \frac{4}{3}.$$

$$a_n = \frac{1}{2}\int_{-2}^{2}\frac{x^2}{2}\cos\frac{n\pi x}{2}dx = \frac{1}{2}\int_{0}^{2}x^2\cos\frac{n\pi x}{2}dx =$$

$$= \frac{1}{2}\frac{2}{n\pi}\int_{0}^{2}x^2 d sen\frac{n\pi x}{2} =$$

$$= \frac{1}{n\pi}\left\{x^2 sen\frac{n\pi x}{2}\Big|_0^2 - 2\int_{0}^{2}x sen\frac{n\pi x}{2}dx\right\} =$$

$$= \frac{2}{n\pi}\frac{2}{n\pi}\int_{0}^{2}x d\cos\frac{n\pi x}{2} =$$

$$= \frac{4}{n^2\pi^2}[x\cos\frac{n\pi x}{2}\Big|_0^2 - \int_{0}^{2}\cos\frac{n\pi x}{2}dx] =$$

$$= \frac{4}{n^2\pi^2}[2(-1)^n - \frac{2}{n\pi}sen\frac{n\pi x}{2}\Big|_0^2] =$$

$$= \frac{8(-1)^n}{n^2\pi^2}$$

Assim, a série de Fourier no intervalo $[-2,2]$ para a função $f(x) = \frac{x^2}{2}$ é dado por

$$\frac{x^2}{2} = \frac{2}{3} + \frac{8}{\pi^2}\sum_{n=1}^{\infty}\frac{(-1)^n}{n^2}\cos\frac{n\pi x}{2}.$$

Se no desenvolvimento da série de Fourier da função $\frac{x^2}{2}$ acima, consideramos $x = 0$, obtemos

$$0 \quad = \frac{2}{3} + \frac{8}{\pi^2}\sum_{n=1}^{\infty}\frac{(-1)^n}{n^2}\cos\frac{n\pi 0}{2} =$$

$$= \frac{2}{3} + \frac{8}{\pi^2}\sum_{n=1}^{\infty}\frac{(-1)^n}{n^2} =$$

$$-\frac{2}{3} + \frac{8}{\pi^2}\left(-1 + \frac{1}{2^2} - \frac{1}{3^2} + \frac{1}{4^2} - \cdots\right),$$

donde

$$\frac{\pi^2}{12} = 1 - \frac{1}{2^2} + \frac{1}{3^2} - \frac{1}{4^2} + \cdots$$

5.6 Identidade de Parseval

Nas seções anteriores foram analisadas a convergência pontual e uniforme da série de Fourier. Agora vamos formular a convergência em média quadrática da série de Fourier. Antes de mais nada, vamos definir o espaço L_2 como sendo o conjunto

$$L_2 = \{f : [-\pi, \pi] \rightarrow \mathbb{R}\},$$

2π periódicas limitadas e contínuas, exceto em um número limitado de pontos de descontinuidade de primeira espécie.

Assim, se a função $f \in L_2$, então sua série de Fourier

$$f(x) = \frac{a_o}{2} + \sum_{k=1}^{\infty} (a_k \cos kx + b_k \operatorname{sen} kx), \tag{92}$$

onde

$$a_o \qquad = \frac{1}{\pi} \int_{-\pi}^{\pi} f(x) dx;$$

$$a_k \quad = \frac{1}{\pi} \int_{-\pi}^{\pi} f(x) \cos kx dx, k = 1,2,3,\dots;$$

$$b_k \quad = \frac{1}{\pi} \int_{-\pi}^{\pi} f(x) \operatorname{sen} kx dx, k = 1,2,3,\dots,$$

converge para f no sentido da média quadrática se

$$\int_{-\pi}^{\pi} [f(x) - S_n(x)]^2 dx \to 0, \quad quando \ n \to \infty, \tag{93}$$

onde

$$S_n(x) = \frac{a_o}{2} + \sum_{k=1}^{n} (a_k \cos kx + b_k \operatorname{sen} kx).$$

Assim, a fórmula (92) nos diz que a função $f(x)$ converge para sua série de Fourier no sentido da média quadrática.

Agora, vamos desenvolver a integral em (93), e vamos levar em consideração as propriedades ortogonais do sistema trigonométrico (77),

$$\int_{-\pi}^{\pi} [f(x) - S_n(x)]^2 dx \qquad = \int_{-\pi}^{\pi} \left[f(x) - \frac{a_o}{2} - \sum_{k=1}^{n} (a_k \cos kx + b_k \operatorname{sen} kx) \right]^2 dx =$$

$$= \int_{-\pi}^{\pi} f^2(x) dx - 2 \frac{a_o}{2} \int_{-\pi}^{\pi} f(x) dx -$$

$$-2 \sum_{k=1}^{n} \left(a_k \int_{-\pi}^{\pi} f(x) \cos kx dx + b_k \int_{-\pi}^{\pi} f(x) \operatorname{sen} kx dx \right) + \frac{a_o^2}{2} \pi +$$

$$+\pi \sum_{k=1}^{n} (a_k^2 + b_k^2) =$$

$$= \int_{-\pi}^{\pi} f^2(x) dx - \frac{a_o^2}{2} \pi - \pi \sum_{k=1}^{n} (a_k^2 + b_k^2).$$

Como $\int_{-\pi}^{\pi} [f(x) - S_n(x)]^2 dx \to 0$ quando $n \to \infty$, segue então

$$0 = \int_{-\pi}^{\pi} f^2(x) dx - \frac{a_o^2}{2} \pi - \pi \sum_{k=1}^{\infty} (a_k^2 + b_k^2),$$

ou seja,

$$\frac{1}{\pi}\int_{-\pi}^{\pi} f^2(x)dx = \frac{a_o^2}{2} + \sum_{k=1}^{\infty} (a_k^2 + b_k^2),$$

chamado de Igualdade de Parseval.

No **Exemplo 5.10**, para a função $f(x) = \frac{x^2}{2}, x \in [-2,2]$, foram encontrados os coeficiente de Fourier:

$$b_n = 0, n = 1,2,3, \dots, a_o = \frac{4}{3} \text{ e } a_n = \frac{8(-1)^n}{n^2\pi^2}.$$

Logo pela desigualdade de Parceval:

$$\frac{1}{2}\int_{-2}^{2} f^2(x)dx = \frac{a_o^2}{2} + \sum_{k=1}^{\infty} (a_k^2 + b_k^2)$$

$$\frac{1}{2}\int_{-2}^{2} \left(\frac{x^2}{2}\right)^2 dx = \frac{\left(\frac{4}{3}\right)^2}{2} + \sum_{k=1}^{\infty} \left(\frac{8(-1)^n}{n^2\pi^2}\right)^2$$

$$\frac{1}{2}\int_{-2}^{2} \frac{x^4}{4} dx = \frac{16}{9 \times 2} + \sum_{k=1}^{\infty} \frac{64}{n^4\pi^4}$$

$$\frac{1}{4}\int_{0}^{2} x^4 dx = \frac{8}{9} + \frac{64}{\pi^4}\sum_{k=1}^{\infty} \frac{1}{n^4}$$

$$\frac{1}{4}\frac{x^5}{5}\Big|_0^2 = \frac{8}{9} + \frac{64}{\pi^4}\sum_{k=1}^{\infty} \frac{1}{n^4}$$

$$\frac{8}{5} = \frac{8}{9} + \frac{64}{\pi^4}\sum_{k=1}^{\infty} \frac{1}{n^4}.$$

Donde

$$\frac{8}{5} - \frac{8}{9} = \frac{64}{\pi^4}\sum_{k=1}^{\infty} \frac{1}{n^4}$$

$$\frac{32}{45} = \frac{64}{\pi^4}\sum_{k=1}^{\infty} \frac{1}{n^4},$$

E, finalmente,

$$\sum_{k=1}^{\infty} \frac{1}{n^4} = \frac{\pi^4}{90}.$$

5.7 Forma Complexa da Série de Fourier

Sejam a_k e b_k os coeficientes de Fourier da função $f(x)$, 2π-periódica. Pela fórmula de Euler,

$$a_k \cos kt + b_k \, \text{sen} \, kt \;\; = a_k \frac{e^{ikt} + e^{-ikt}}{2} + b_k \frac{e^{ikt} - e^{-ikt}}{2i} =$$
$$= c_k e^{ikt} + c_{-k} e^{-ikt},$$

onde,

$$c_k = \frac{a_k - ib_k}{2}, c_{-k} = \frac{a_k + ib_k}{2}, \; com \; b_o = 0. \tag{94}$$

Donde

$$c_k = \frac{1}{2\pi} \int_0^{2\pi} (\cos kt - i \, \text{sen} \, kt) f(t) dt = \frac{1}{2\pi} \int_0^{2\pi} f(t) e^{-ikt} dt,$$

$$c_{-k} = \frac{1}{2\pi} \int_0^{2\pi} (\cos kt + i \, \text{sen} \, kt) f(t) dt = \frac{1}{2\pi} \int_0^{2\pi} f(t) e^{ikt} dt.$$

Estas duas igualdades podemos escrever na forma única

$$c_k = \frac{1}{2\pi} \int_0^{2\pi} f(t) e^{-ikt} dt, (k = 0, \pm 1, \pm 2, \dots). \tag{95}$$

É fácil observar que c_k e c_{-k} são complexos conjugados, isto é,

$$c_{-k} = \bar{c}_k. \tag{96}$$

Podemos escrever a soma n-ésima $S_n(t)$ de Fourier da função f na seguinte forma:

$$S_n(t) = \frac{a_o}{2} + \sum_{k=1}^n (a_k \cos kt + b_k \, \text{sen} \, kt) = \sum_{k=-n}^n c_k e^{ikt}, \tag{97}$$

e a série de Fourier da função f, na forma:

$$f(t) \sim \frac{a_o}{2} + \sum_{k=1}^\infty (a_k \cos kt + b_k \, \text{sen} \, kt) \sim \sum_{-\infty}^\infty c_k e^{ikt}. \tag{98}$$

Assim, podemos dizer que para um determinado t a série (98) converge, se existe o limite

$$\lim_{n \to \infty} \sum_{-n}^n c_k e^{ikt} = \lim_{n \to \infty} S_n(t).$$

Exemplo 5.11 Desenvolver a função $f(x) = x$ em série trigonométrica de Fourier complexa no intervalo $(0, 2\pi)$.

Primeiro calculemos c_o:

$$c_o = \frac{1}{2\pi} \int_0^{2\pi} x \, dx = \frac{1}{2\pi} \frac{x^2}{2} \Big|_0^{2\pi} = \pi.$$

Agora calculemos c_k:

$$c_k = \frac{1}{2\pi}\int_0^{2\pi} xe^{-ikx}dx = -\frac{1}{2\pi}\frac{1}{ik}\int_0^{2\pi} xde^{-ikx} =$$

$$= -\frac{1}{2\pi ik}\left[xe^{-ikx}\big|_0^{2\pi} - \int_0^{2\pi} e^{-ikx}dx\right] =$$

$$= -\frac{1}{2\pi ik}\left[2\pi + \frac{1}{ik}e^{-ikx}\big|_0^{2\pi}\right] =$$

$$= -\frac{1}{2\pi ik}\left[2\pi + \frac{1}{ik}\right] =$$

$$= -\frac{1}{ik} + \frac{1}{2\pi k^2} =$$

$$= \frac{i}{k} + \frac{1}{2\pi k^2}.$$

Assim,

$$x = \pi + \sum_{\substack{-\infty \\ (k\neq 0)}}^{+\infty}\left[\frac{i}{k} + \frac{1}{2\pi k^2}\right]e^{ikx}.$$

Exemplo 5.12 Desenvolver a função $f(x) = e^x$ em série trigonométrica de Fourier complexa no intervalo $(-1,1)$. Calculando c_o:

$$c_o = \frac{1}{2}\int_{-1}^1 e^x dx = \frac{1}{2}e^x\big|_{-1}^1 = \frac{1}{2}[e - e^{-1}] = \operatorname{senh} 1,$$

e depois c_k:

$$c_k = \frac{1}{2}\int_{-1}^1 e^x e^{-ik\pi x}dx = \frac{1}{2}\int_{-1}^1 e^{(1-ik\pi)x}dx =$$

$$= \frac{1}{2}\frac{e^{(1-ik\pi)x}}{1 - ik\pi}\big|_{-1}^1 =$$

$$= \frac{1}{2(1 - ik\pi)}[e(\cos k\pi - 0) - e^{-1}(\cos k\pi - 0)] =$$

$$= \frac{1}{2(1 - ik\pi)}[e(-1)^k - e^{-1}(-1)^k] =$$

$$= \frac{(-1)^k}{1 - ik\pi}\frac{e - e^{-1}}{2} =$$

$$= \frac{(-1)^k}{1 - ik\pi}\operatorname{senh} 1.$$

obtemos,

$$e^x = \operatorname{senh} 1 + \operatorname{senh} 1\sum_{\substack{-\infty \\ (k\neq 0)}}^{+\infty}\frac{(-1)^k}{1 - ik\pi}e^{ik\pi x}.$$

5.8 Algumas Equações da Física Matemática

Agora, vejamos algumas aplicações da série de Fourier. Consideremos as seguintes equações da física matemática, dos tipos hiperbólico, parabólico e elítico:

$$\frac{1}{a^2}\frac{\partial^2 u}{\partial t^2} = \Delta u - Equação\ da\ onda \tag{99}$$

$$\frac{1}{a^2}\frac{\partial u}{\partial t} = \Delta u - Equação\ da\ condução\ do\ calor, \tag{100}$$

$$\Delta u = 0 - Equação\ de\ Laplace, \tag{101}$$

onde $\Delta u = \frac{\partial^2 u}{\partial x^2} + \frac{\partial^2 u}{\partial y^2} + \frac{\partial^2 u}{\partial z^2}$ é o laplaciano de $u(x,y,z,t)$, para uma função de três variáveis espaciais. No caso unidemensional, $u = u(x,t)$, e seu correspondente laplaciano é $\Delta u = \frac{\partial^2 u}{\partial x^2}$.

Problemas Considerados

Em livros especializados e avançados sobre equações diferenciais em derivadas parciais consideram-se uma diversidade de problemas relacionados com os modelos multidimensionais (99), (100) e (101), por exemplo, ver [2], [6], [14]. Aqui somente faremos menção a alguns deles.

Sendo assim, procura-se uma solução da equação da onda (99) que satisfaça na fronteira $\partial\Omega$ do domínio Ω a condição de Robin[2]:

$$\left(\alpha u(P,t) + \beta\frac{\partial u(P,t)}{\partial n}\right)\Big|_{\partial\Omega} = 0, \tag{102}$$

onde α e β são constantes não nulas simultaneamente e $\frac{\partial u(P,t)}{\partial n}$ é a derivada normal na fronteira, e as condições iniciais

$$u(P,t)\big|_{t=0} = \varphi(P) \tag{103}$$

$$\frac{\partial u}{\partial t}(P,t)\big|_{t=0} = \psi(P) \tag{104}$$

onde P é um ponto do domínio Ω, $\varphi(P)$ e $\psi(P)$ são funções contínuas.

Observe que a condição de Robin para o caso unidimensional $u(x,t)$, por exemplo, se $\Omega = [0,L]$, se reduzem as seguintes equações

$$\begin{cases} \alpha u(0,t) + \beta u'(0,t) = 0 \\ \alpha u(L,t) + \beta u'(L,t) = 0 \end{cases}$$

Para a equação do calor (100) devemos encontrar uma solução que satisfaça as condições de fronteira (102) e a condição inicial (103).

Para equação de Laplace (101), procura-se uma solução que satisfaça as condições de fronteira tipo Robin (102) ou alguns casos particulares:

---

[2] Victor Gustave Robin, matemático francês (1855-1897)

1. se $\beta = 0$, a condição de fronteira é de Dirichlet[3] $u(P,t)|_{\partial\Omega} = 0$;

2. se $\alpha = 0$, a condição de fronteira é de Neumann[4] $\frac{\partial u(P,t)}{\partial n}|_{\partial\Omega} = 0$.

Cabe observar que, para os problemas da onda (99) e do calor (100) vamos nos restringir aos casos unidimensionais.

Método de Fourier

O método de Fourier consiste em procurar a solução particular das equações (99) e (100) na forma

$$u(x,t) = F(x)G(t).$$

Procurando a solução desta forma, transformamos um problema de EDP em um problema de EDO de segunda ordem. Vejamos como funciona o método de Fourier nos modelos citados acima.

5.8.1 Equação do Calor de uma Barra Unidimensioal

$$u_t(x,t) = Ku_{xx}(x,t)$$

Consideremos uma barra fina de comprimento L, isolada nos seus extremos e fixada no eixo das abcissas, ou seja não há transmissão de calor nos seus extremos. Suponhamos que suas propriedades físicas, tais como o coeficiente de condução de calor κ e o calor específico ς nos pontos em qualquer seção transversal sejam constantes. A evolução da temperatura da barra unidimensional em um ponto $0 \leq x \leq L$ no instante $t \geq 0$ será denotado por $u(t,x)$ e satisfaz a seguinte equação

$$\frac{\partial u}{\partial t} = K\frac{\partial^2 u}{\partial x^2}, \qquad K = \frac{\kappa}{\varsigma} - difusividade\ térmica.$$

Suponhamos que seja conhecido o valor da temperatura no momento inicial $t = 0$. A partir desses dados, de fronteira e condição inicial, estamos interessados em um modelo matemático que permita predizer a temperatura da barra $u(t,x)$ para todo $x \in [0,L]$ e todo tempo, $t > 0$. Este modelo, é conhecido como problema de Cauchy:

$$\begin{cases} \frac{\partial u}{\partial t} = K\frac{\partial^2 u}{\partial x^2}, K = \frac{\kappa}{\varsigma} \\ u(x,0) = f(x), (0 \leq x \leq L), \\ u(0,t) = u(L,t) = 0, (\forall t \geq 0). \end{cases} \tag{105}$$

Para resolver (105) usamos o método de Fourier das variáveis separáveis descrito acima,

$$u(x,t) = F(x).G(t). \tag{106}$$

De (106) obtemos

---

[3] Johann Peter Gustav Lejeune Dirichlet, grande matemático alemão (1805-1859)
[4] John von Neumann, matemático húngaro (1903-1957)

$$\frac{\partial^2 u}{\partial x^2} = G(t)\frac{d^2 F}{dx^2} = GF'', \quad \frac{\partial u}{\partial t} = FG'.$$

Substituindo estas expressões na equação (105), obtemos

$$\frac{1}{K}\frac{G'}{G} = \frac{F''}{F}.$$

Na igualdade anterior, a parte esquerda não depende de x e a parte direita não depende de t, por isto

$$\frac{1}{K}\frac{G'}{G} = \frac{F''}{F} = -\mu.$$

Desta forma, as funções $F(x)$ e $G(t)$ satisfazem as EDOs

$$F'' + \mu F = 0, \tag{107}$$

$$G' + \mu KG = 0, \tag{108}$$

onde μ é uma constante. Que tipo de constante?, positiva?, negativa?, nula? Mostraremos que μ deve ser positiva.

Como estamos procurando soluções que satisfazam $u(0,t) = u(L,t) = 0, \forall t \geq 0$, então para todo t, temos

$$u(0,t) = F(0)G(t) = 0, u(L,t) = F(L)G(t) = 0.$$

Se supomos que $G(t) = 0, \forall t$, então $u(x,t) \equiv 0$ para todo x e t.

Lembremos que queremos soluções não triviais, por isto, existe ao menos um t, tal que $G(t) \neq 0$, mas então

$$F(0) = F(L) = 0.$$

Assim, chegamos ao seguinte problema: devemos encontrar tais μ, para os quais a equação (107) possui solução não nula no intervalo $[0, L]$. Este problema é conhecido como problema de Shturm[5]-Luiville[6].

Primeiramente, vamos supor que $\mu = \lambda^2$. Neste caso os números $\pm i\lambda$ são as raízes da equação característica de (107), por isso, escrevemos a solução geral de (107) na seguinte forma:

$$F(x) = C_1 \cos\lambda x + C_2 sen\lambda x.$$

Das condições de contorno, encontramos

$$0 = C_1,$$
$$0 = C_1\cos\lambda L + C_2 sen\lambda L,$$

---

[5] Jacques Charles François Sturm, matemático francês (1803-1855)
[6] Joseph Liouville, matemático francês (1809-1882)

donde, $C_1 = 0$ e $C_2 sen\lambda L = 0$.

Para obter solução não trivial, devemos exigir $C_2 \neq 0$ e, por tanto, $sen\lambda L = 0$, ou seja, $\lambda L = k\pi$, donde $\lambda = \frac{k\pi}{L}$, e $\mu = \lambda^2 = \frac{k^2\pi^2}{L^2}$,

A cada k corresponde a solução $F_k(x) = C_k sen\frac{k\pi x}{L}, k = 1,2,3, \ldots.$

Agora se $\mu \leq 0$ a EDO (107) possui somente solução trivial. De fato, quando $\mu = -\lambda^2 < 0$, a solução geral de (107) escreve-se na forma:

$$F(x) = C_1 e^{\lambda x} + C_2 e^{\lambda x}.$$

Das condições de contorno, encontramos
$$0 \quad = C_1 + C_2,$$
$$0 \quad = C_1 e^{\lambda L} + C_2 e^{-\lambda L}.$$

O determinante deste sistema
$$\Delta = \begin{vmatrix} 1 & 1 \\ e^{\lambda L} & e^{-\lambda L} \end{vmatrix} = e^{-\lambda L} - e^{\lambda L} \neq 0,$$

por isso, o sistema somente possui soluções triviais $C_1 = C_2 = 0$. Isto significa que a equação (107) com as condições de contorno tem solução trivial se $\mu < 0$.

Se $\mu = 0$, então a equação característica possui raiz nula de multiplicidade 2, e por isso, a solução geral de (107) pode escrever-se como

$$F(x) = C_1 + C_2 x.$$

Considerando as condições de contorno, obtemos $C_1 = 0$ e $C_1 + C_2 L = 0$, donde $C_1 = C_2 = 0$ e $F(x) = 0$.

Agora vamos resolver a equação (108) quando $\mu = \lambda^2 = \frac{k^2\pi^2}{L^2}$:

$$G' + \mu KG = 0, \frac{dG}{G} = -K\frac{k^2\pi^2}{L^2}dt, G(t) = A_k e^{-K\frac{k^2\pi^2}{L^2}t}.$$

Assim,

$$u_k(x,t) = B_k e^{-K\frac{k^2\pi^2}{L^2}t} sen\frac{k\pi x}{L}, B_k = A_k C_k,$$

é uma solução particular da equaçao (105) satisfazendo as condições de contorno.

É fácil ver que a soma finita

$$u_n(x,t) = \sum_{k=1}^{n} B_k e^{-K\frac{k^2\pi^2}{L^2}t} sen\frac{k\pi x}{L},$$

também é solução de (105). Mas, e a série infinita

$$u(x,t) = \sum_{k=1}^{\infty} B_k e^{-K\frac{k^2\pi^2}{L^2}t} \, sen\frac{k\pi x}{L} \tag{109}$$

também é solução de (105).

Agora, escolhamos B_k de tal forma que

$$u(x,0) = f(x) = \sum_{k=1}^{\infty} B_k sen\frac{k\pi x}{L}, 0 \le x \le L.$$

Os números B_k podem ser encontrados de forma única pela fórmula

$$B_k = \frac{2}{L}\int_0^L f(t)sen\frac{k\pi t}{L}\,dt, \tag{110}$$

ou seja, eles devem ser coeficientes de Fourier da função f no intervalo $[0,L]$.

Exemplo 5.13 Encontrar uma função contínua $u(x,t)$ para $t \ge 0$ e $0 \le x \le L$ de classe C^1 com relação a t e classe C^2 com relação a x que resolva o problema de Cauchy (105), onde $f(x) = M_o$ constante.

Veja, já temos a solução pronta (109), so falta calcular os coeficientes de Fourier B_k, pela fórmula (110).

$$\begin{aligned}
B_k &= \frac{2}{L}\int_0^L f(x)sen\frac{k\pi x}{L}\,dx = \frac{2}{L}\int_0^L M_o sen\frac{k\pi x}{L}\,dx = \\
&= -\frac{2M_o}{L}\frac{L}{k\pi}\cos\frac{k\pi x}{L}\Big|_0^L = \\
&= -\frac{2M_o}{k\pi}[(-1)^k - 1] = \\
&= \frac{4M_o}{(2k-1)\pi}.
\end{aligned}$$

Assim, a solução $u(x,t)$ é dada por

$$u(x,t) = \frac{4M_o}{\pi}\sum_{k=1}^{\infty}\frac{1}{2k-1}e^{-K\left(\frac{(2k-1)\pi}{L}\right)^2 t} \, sen\frac{(2k-1)\pi x}{L}.$$

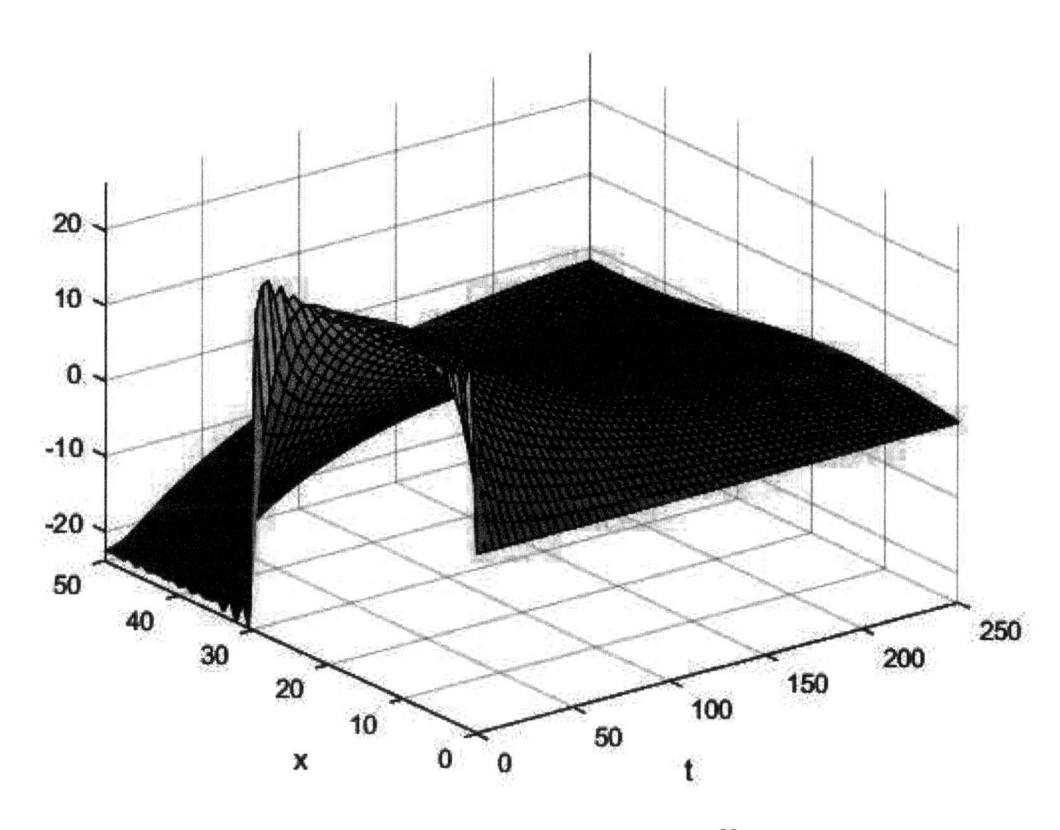

Figura 26: Solução da Equação do calor com condição inicial $M_o = \frac{90}{2}, K = 1$ **e** $L = 30$

5.8.2 Equação da Onda Finita Unidimensional

$$u_{tt}(x, t) = a^2 u_{xx}(x, t)$$

Consideremos uma corda fina homogênea flexível de comprimento π (pode ser L), fixa nos seus extremos. Suponhamos que suas propriedades físicas, tais como a sua densidade ρ e a tensão T que atua tangencialmente à corda e seu módulo $|T|$ são as mesmas nos pontos de qualquer seção transversal. A partir desses dados de fronteira e condição inicial, estamos interessados em um modelo matemático que permita encontrar as oscilações da corda $u(t, x)$ para todo $x \in [0, \pi]$ e todo tempo, $t > 0$. Este modelo, é conhecido como problema de Cauchy:

$$\begin{cases} \frac{\partial^2 u}{\partial t^2} = a^2 \frac{\partial^2 u}{\partial x^2}, a^2 = \frac{|T|}{\rho}, \\ u(x, 0) = f(x), \frac{\partial u(x,0)}{\partial t} = F(x)(0 \leq x \leq \pi), \\ u(0, t) = u(\pi, t) = 0, (\forall t \geq 0), \end{cases} \qquad (111)$$

O problema de Cauchy resolve-se pelo método de Fourier das variáveis separáveis descrito acima, ou seja, procuremos a solução particular na forma

$$u(x, t) = F(x). G(t). \qquad (112)$$

Calculando as segundas derivadas parciais de $u(x, t)$ em (112) obtemos,

$$\frac{\partial^2 u}{\partial x^2} = G(t)\frac{d^2 F}{dx^2} = GF'', \frac{\partial^2 u}{\partial t^2} = FG''.$$

Substituindo estas expressões na equação (111), obtemos

$$\frac{1}{a^2}\frac{G''}{G} = \frac{F''}{F}.$$

Na igualdade anterior a parte esquerda não depende de x e a parte direita não depende de t, por isto,

$$\frac{1}{a^2}\frac{G''}{G} = \frac{F''}{F} = -\mu.$$

Desta forma, as funções $F(x)$ e $G(t)$ satisfazem as EDOs

$$F'' + \mu F = 0, \tag{113}$$

$$G'' + \mu a^2 G = 0, \tag{114}$$

onde μ deve ser uma constante positiva, pela análise feita no caso da equação do calor de uma barra.

Como estamos procurando soluções que satisfazam $u(0,t) = u(\pi,t) = 0, \forall t \geq 0$, então para todo t, temos

$$u(0,t) = F(0)G(t) = 0, u(\pi,t) = F(\pi)G(t) = 0. \tag{115}$$

Se supomos que $G(t) = 0, \forall t$, então $u(x,t) \equiv 0$ para todo x e t.

Lembremos que procuramos soluções não triviais, por isto, existe ao menos um t, tal que $G(t) \neq 0$, mas então

$$F(0) = F(\pi) = 0.$$

Assim, chegamos ao seguinte problema: devemos encontrar tais μ, para os quais a equação (113) possui solução não nula no intervalo $[0, \pi]$. Este problema é conhecido como problema de Sturm-Liouville.

Como $\mu > 0$, vamos supor que $\mu = \lambda^2$. Neste caso, os números $\pm i\lambda$ são as raízes da equação característica de (113), por isso, escrevemos a solução geral de (113) na seguinte forma:

$$F(x) = C_1 \cos\lambda x + C_2 sen\lambda x.$$

Das condições de contorno, encontramos

$$0 = C_1,$$
$$0 = C_1 \cos\lambda\pi + C_2 sen\lambda\pi,$$

donde, $C_1 = 0$ e $C_2 sen\lambda\pi = 0$.

Para obter solução não trivial, devemos exigir $C_2 \neq 0$ e, portanto, $sen\lambda\pi = 0$, ou seja $\lambda\pi = k\pi$, donde $\lambda = k$, e $\mu = \lambda^2 = k^2$.

A cada k corresponde a solução $F_k(x) = C_k sen kx, k = 1,2,3, \dots$.

Agora vamos resolver a equação (114) quando $\mu = \lambda^2 = k^2$:

$$G'' + k^2 a^2 G = 0, \qquad donde \ G(t) = C_1 cos kat + C_2 sen kat.$$

Assim, todas as soluções de (111) que satisfazem as condições de fronteira (115), podem ser escritas na forma

$$u_k(x,t) = (A_k cos akt + B_k sen akt) sen kx.$$

É fácil ver que a soma finita

$$u_n(x,t) = \sum_{k=1}^{n} (A_k cos akt + B_k sen akt) sen kx,$$

também é solução de (111). Mas, e a série

$$u(x,t) = \sum_{k=1}^{\infty} (A_k cos akt + B_k sen akt) sen kx \qquad (116)$$

também é solução de (111).

Agora vamos usar as condições iniciais, mas antes vamos derivar a solução acima com relação a t,

$$\frac{\partial u}{\partial t}(x,t) = \sum_{k=1}^{\infty} ak(-A_k sen akt + B_k cos akt) sen kx.$$

$$u(x,0) = f(x) = \sum_{k=1}^{\infty} A_k sen kx, 0 \leq x \leq \pi$$

e

$$\frac{\partial u}{\partial t}(x,0) = F(x) = \sum_{k=1}^{\infty} ak B_k sen kx, 0 \leq x \leq \pi.$$

Os números A_k e B_k podem ser encontrados de forma única pelas fórmulas

$$A_k = \frac{2}{\pi} \int_0^{\pi} f(x) kx dx, B_k = \frac{2}{\pi ak} \int_0^{\pi} F(x) kx dx. \qquad (117)$$

ou seja, eles são os coeficientes de Fourier da função f no intervalo $[0, \pi]$.

Exemplo 5.14 Encontrar uma função contínua $u(x,t)$ para $t \geq 0$ e $0 \leq x \leq \pi$ de classe C^2 com relação a t e classe C^2 com relação a x que resolva o problema de Cauchy (111), onde $f(x) = 2x$ e $F(x) = M_o$ constante.

De novo, já temos a solução pronta (116), só faltam calcular os coeficientes de Fourier A_k e B_k, pela fórmula (117).

$$A_k = \frac{2}{\pi}\int_0^\pi f(x)\text{sen}kxdx = \frac{2}{\pi}\int_0^\pi 2x\,\text{sen}kxdx =$$

$$= -\frac{4}{k\pi}\int_0^\pi xd\cos kx =$$

$$= -\frac{4}{k\pi}[x\cos kx|_0^\pi - \int_0^\pi \cos kxdx] =$$

$$= -\frac{4}{k\pi}[\pi(-1)^k] =$$

$$= \frac{4}{k}(-1)^{k+1}.$$

$$B_k = \frac{2}{\pi ak}\int_0^\pi F(x)\text{sen}kxdx = \frac{2}{\pi ak}\int_0^\pi M_o\,\text{sen}kxdx =$$

$$= -\frac{2M_o}{\pi ak}\frac{\cos kx}{k}|_0^\pi =$$

$$= -\frac{2M_o}{\pi ak^2}[\cos k\pi - 1] = -\frac{2M_o}{\pi ak^2}[(-1)^k - 1] =$$

$$= \frac{4M_o}{\pi a(2k-1)^2}$$

e $B_k = 0$ se k é par. Assim, a solução $u(x,t)$ é dado por

$$u(x,t) = \begin{cases} 4\sum_{k=1}^\infty \dfrac{(-1)^{2k+1}}{2k}(\cos 2akt)(\text{sen}2kx), & k\ par \\ \sum_{k=1}^\infty \left[\dfrac{4}{2k-1}\cos a(2k-1)t + \dfrac{4M_o}{\pi a(2k-1)^2}\,\text{sen}\,a(2k-1)t\right]\text{sen}(2k-1)x, & k\ ímpar. \end{cases}$$

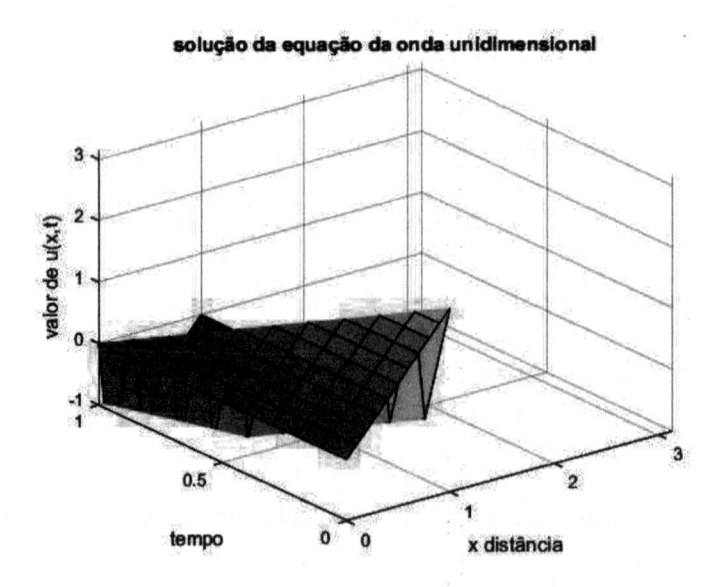

Figura 27: Solução da Equação da onda com condições iniciais $f(x) = 2x$ e $F(x) = 3$

5.8.3 Solução da Equação de Laplace $\Delta u = 0$

A equação elítica

$$\Delta u = 0$$

chama-se equação de Laplace[7] e sua solução é dita função harmônica.

Para a equação de Laplace (101) estudam-se os seguintes problemas extremos.

     1. Encontrar uma função harmônica no domínio Ω que na fronteira $\partial\Omega$ satisfaça a condição de Dirichlet:

$$u(P)|_{\partial\Omega} = f(P);$$

     2. problema de Newman

$$\frac{\partial u(P)}{\partial \mu}|_{\partial\Omega} = \varphi(P);$$

     3. problema misto

$$\alpha u(P)|_{\partial\Omega} + \beta \frac{\partial u(P)}{\partial \mu}|_{\partial\Omega} = \Psi(P).$$

A função $\varphi(P)$ no problema de Newman não pode ser qualquer, ela deve satisfazer a exigência

$$\int_{\partial\Omega} \varphi(P) = 0,$$

pois esta condição é satisfeita por qualquer função harmônica no domínio ω.

Encontre uma solução $u(x, y)$ para o problema de Dirichlet da equação de Laplace (101) no quadrado

$$D = \{0 \leq x \leq l; 0 \leq y \leq l\}$$

para as condições extremas

$$\begin{aligned} u(x, 0) &= u(x, l) = x(l - x); \\ u(0, y) &= u(l, y) = 0. \end{aligned}$$

A equação de Laplace em coordenadas retangulares no plano cartesiano $x0y$ tem a forma

$$\frac{\partial^2 u}{\partial x^2} + \frac{\partial^2 u}{\partial y^2} = 0.$$

Procuremos sua solução na forma $u(x, y) = X(x)Y(y)$ (método de Fourier). Pondo esta solução na equação acima, obtemos

$$X''(x)Y(y) + X(x)Y''(y) = 0.$$

Dividimos por $X(x)Y(y)$

---

[7] Marquês de Pierre-Simon, Laplace, grande matemático, astrônomo e físico francês (1749-1827)

$$\frac{X''(x)}{X(x)} + \frac{Y''(y)}{Y} = 0,$$

ou

$$\frac{X''(x)}{X(x)} = -\frac{Y''(y)}{Y}.$$

Na igualdade anterior a parte esquerda não depende de y e a parte direita não depende de x, por isto

$$\frac{X''(x)}{X(x)} = -\frac{Y''(y)}{Y} = -\lambda(const).$$

Donde

$$X''(x) + \lambda X(x) = 0, cuja\ solução\ é\ X(x) = C_1\cos\sqrt{\lambda}x + C_2 sen\sqrt{\lambda}x$$

e

$$Y''(y) - \lambda Y(y) = 0. \tag{118}$$

Usando as condições de extremo $u(0,y) = X(0)Y(y) = 0$ e $u(l,y) = X(l)Y(y) = 0$, temos $X(0) = 0$ e $X(l) = 0$. Portanto,

$$X(0) = 0 = C_1, e X(l) = 0 = C_2 sen\sqrt{\lambda}l,$$

onde $sen\sqrt{\lambda}l = 0$, ou seja $\sqrt{\lambda}l = k\pi, k \in \mathbb{Z}$ com $\lambda_k = \left(\frac{k\pi}{l}\right)^2$.

Logo $X(x) = C_2 sen\frac{k\pi}{l}x$ é a solução que satisfaz as condições de extremo $X(0) = 0$ e $X(l) = 0$.

Pondo $\lambda = \lambda_k$ na equação (118), obtemos a equação $Y''(x) - \lambda_k Y(x) = 0$, cuja solução geral é

$$Y_k(y) = A_k\cosh\sqrt{\lambda_k}y + B_k senh\sqrt{\lambda_k}y = A_k\cosh\frac{k\pi y}{l} + B_k senh\frac{k\pi y}{l},$$

onde A_k e B_k são constantes arbitrárias.

Desta forma, a função

$$u_k(x,y) = X_k(x)Y_k(y)k = 1,2,\ldots$$

satisfaz a equação de Laplace e as condições de extremo nulas nos lados $x = 0$ e $x = l$ do quadrado. Para poder satisfazer as outras duas condições de extremo nos lados $y = 0$ e $y = l$, consideremos a série

$$u(x,y) = \sum_{k=1}^{\infty} X_k(x)Y_k(y) = \sum_{k=1}^{\infty} \left(A_k\cosh\frac{k\pi y}{l} + B_k senh\frac{k\pi y}{l}\right) sen\frac{k\pi}{l}x.$$

Usando a condição $u(x,0) = x(l - x)$, obtemos

$$x(l - x) = \sum_{k=1}^{\infty} A_k sen\frac{k\pi}{l}x.$$

Desta forma, os coeficientes A_k do desenvolvimento da função $x(l-x)$ em série de senos no intervalo $(0,l)$, calculam-se pela fórmula

$$A_k = \frac{2}{l}\int_0^l x(l-x)\mathrm{sen}\frac{k\pi}{l}xdx = \ldots$$

$$= \ldots$$

$$= \frac{4l^2}{\pi^3 k^3}(1-\cos\pi k),$$

com $A_k = 0$ se $k = 2m$ e $A_k = \frac{8l^2}{\pi^3 k^3}$ se $k = 2m-1$.

Agora, usando a condição $u(x,l) = x(l-x)$, obtemos

$$x(l-x) = \sum_{k=1}^{\infty}(A_k\cosh k\pi + B_k\mathrm{senh}\, k\pi)\mathrm{sen}\frac{k\pi}{l}x.$$

Isto significa que $A_k\cosh k\pi + B_k\mathrm{senh}k\pi$ também são os coeficientes do desenvolvimento da função $x(l-x)$ em série de senos, por isso

$$A_k\cosh k\pi + B_k\mathrm{senh}k\pi = A_k$$

donde

$$B_k = \frac{1-\cosh\pi k}{\mathrm{senh}\pi k}A_k.$$

Pondo os valores de A_k e B_k encontrados acima na série de $u(x,y)$, obtemos

$$u(x,y) = \frac{8l^2}{\pi^3}\sum_{m=1}^{\infty}\frac{1}{(2m-1)^3}\times$$

$$\left[\cosh\frac{(2m-1)\pi y}{l} + \frac{1-\cosh\pi(2m-1)}{\mathrm{senh}\pi(2m-1)}\,\mathrm{senh}\frac{(2m-1)\pi y}{l}\right]\mathrm{sen}\frac{(2m-1)\pi}{l}x.$$

5.9 Exercícios do Capítulo 5

1. Desenvolva em série de Fourier, no intervalo $(-\pi, \pi)$, as seguintes funções
   (a)
   $$f(x) = \begin{cases} -2 & , \quad quando \ -\pi < x \le 0, \\ 3 & , \quad quando \ \ 0 < x < \pi. \end{cases}$$

   (b) $f(x) = \cos ax$;

   (c) $f(x) = \operatorname{senh} ax$;

   (d) $f(x) = \cosh ax$;

   (e) $f(x) = |\operatorname{sen} x|$;

   (f) $f(x) = x + |x|$;

   (g) $f(x) = \operatorname{sign}(x)$, onde a funão sinal é definida por:
   $$(x) = \begin{cases} -1, & x < 0, \\ 0, & x = 0 \\ 1, & x > 0. \end{cases}$$

   (h) $f(x) = \pi^2 - x^2$;

   (i) $f(x) = e^x$.

2. Desenvolva em série de Fourier a função $f(x) = \frac{\pi - x}{2}$ no intervalo $(0, 2\pi)$.

3. Desenvolver em séries de Fourier nos intervalos indicados as seguintes funções:
   (a) $f(x) = e^x, (-l < x < l)$;

   (b) $f(x) = 10 - x, (5 < x < 15)$.

4. Desenvolva em Série de senos de Fourier as seguintes funções:
   (a) $f(x) = 2, (0 < x < 1)$.

   (b) $f(x) = x(1 - x), (0 < x < 1)$.

5. Desenvolva em Série de cossenos de Fourier as seguintes funções:
   (a) $f(x) = x, (0 < x < l)$.

   (b) $f(x) = e^x, (0 < x < \pi/2)$.

6. Desenvolva as seguintes funções em séries trigonométricas complexas:
   (a) $f(x) = |x| + x, x \in (-2, 2)$;

   (b) $f(x) = x^2, x \in (-1, 1)$.

7. Resolver a equação

$$\frac{1}{a^2}\frac{\partial u}{\partial t} = \frac{\partial^2 u}{\partial x^2},$$

com as condições de contorno no intervalo $(0, L)$ e condição inicial:

$$u(0,t) = 0, \frac{\partial u}{\partial x}(L,t) = 0, u(x,0) = M_o constante.$$

8. Resolver a equação

$$\frac{\partial u}{\partial t} = 5\frac{\partial^2 u}{\partial x^2},$$

com as condições de contorno no intervalo $(0,10)$ e condição inicial:

$$u(0,t) = 0, u(10,t) = 0, u(x,0) = 100.$$

9. Resolver a equação

$$\frac{\partial u}{\partial t} = 7\frac{\partial^2 u}{\partial x^2},$$

com as condições de contorno no intervalo $(0,6)$ e condição inicial:

$$u(0,t) = 60, u(6,t) = 0, u(x,0) = 40.$$

10. Resolver a equação da oscilação de uma corda

$$\frac{1}{a^2}\frac{\partial^2 u}{\partial t^2} = \frac{\partial^2 u}{\partial x^2},$$

com condições extremas:

$$u(x,t)|_{x=0} = 0, u(x,t)|_{x=l} = 0 \ (os\ extremos\ da\ corda\ estão\ presos$$

e condições iniciais:

$$u(x,t)|_{t=0} = x, \frac{\partial u}{\partial t}|_{t=0} - 0, 0 \leq x \leq l.$$

11. Encontre uma solução da equação da oscilação da corda

$$\frac{1}{3}\frac{\partial^2 u}{\partial t^2} = \frac{\partial^2 u}{\partial x^2},$$

com condições extremas:

$$u(x,t)|_{x=0} = 0, u(x,t)|_{x=6} = 0$$

e condições iniciais:

$$u(x,t)|_{t=0} = 0, \frac{\partial u}{\partial t}|_{t=0} = 8, 0 \leq x \leq 6.$$

12. Resolver a equação

$$\frac{1}{a^2}\frac{\partial^2 u}{\partial t^2} = \Delta u,$$

para as seguintes condições homogêneas de contorno na fronteira Γ do domínio D e as respectivas condições iniciais:

(a) D é um retângulo $: 0 \leq x \leq a, 0 \leq y \leq b$

$$u(x,y)|_{\Gamma} = 0, u(x,y,t)|_{t=0} = Axy(a-x)(b-y), \frac{\partial u}{\partial t}(x,y,t)|_{t=0} = \varphi(x,y) = 0.$$

(b) D é um retângulo $: 0 \leq x \leq d, 0 \leq y \leq b$

$$\frac{\partial u}{\partial t}|_{y=0} = 0, \frac{\partial u}{\partial t}|_{y=b} = 0, u(x,y,t)|_{x=0} = 0, u(x,y,t)|_{x=d} = 0, u(x,y,t)|_{t=0} = 0,$$

$$\frac{\partial u}{\partial t}(x,y,t)|_{t=0} = Ax(d-x).$$

13. Resolver o problema misto da equação de Laplace $\Delta u = 0$ no anel de raios R_1 e R_2

$$\frac{\partial u(\rho,\varphi)}{\partial \rho}|_{\rho=R_1} = f_1(\varphi), u(\rho,\varphi)|_{\rho=R_2} = f_2(\varphi).$$

Dica: Escreva a equação de Laplace em coordenadas polares

$$\rho^2 \frac{\partial^2 u}{\partial \rho^2} + \rho \frac{\partial u}{\partial \rho} + \frac{\partial^2 u}{\partial \varphi^2}$$

e logo procure a solução na forma $u(\rho,\varphi) = R(\rho)\Phi(\varphi)$.

Capítulo 6

Respostas e Soluções

Solução Capítulo 1

1.

(a) $a_n = n^2 + 1, a_{n+1} = (n+1)^2 + 1$. Verifica-se que $a_{n+1} - a_n = (n+1)^2 - n^2 = 2n + 1 > 0$.

(b) $a_n = n^3 - n^2, a_{n+1} = (n+1)^3 - (n+1)^2$. $a_{n+1} - a_n = (n+1)(2n+1) + n^2 - (2n+1) > 0$.

(c) $a_n = \frac{2^n}{2n+1}, a_{n+1} = \frac{2^{n+1}}{2n+3}$. Segue que $\frac{a_{n+1}}{a_n} > 1$.

2.

(a) $a_n = 1000 - \sqrt{n} \leq 999$;

(b) $a_n = 7 - 2n - n^2 \leq 4$;

(c) $a_n = \frac{n^2+2}{n^2+1} \leq 2$.

3.

(a) $a_n = n^2 - n - 11 = (n - 1/2)^2 - 45/4 \geq -11$;

(b) $a_n = \frac{1}{n} + \sqrt{n} \geq -1$;

(c) $a_n = \frac{(-1)^n}{n} + \frac{n+2}{n^2} \geq -1$.

4.

(a) $a_n = \sqrt{n+1} - \sqrt{n} = \frac{1}{\sqrt{n+1}+\sqrt{n}}$, donde $0 \leq \frac{1}{\sqrt{n+1}+\sqrt{n}} \leq \frac{1}{\sqrt{2}+1}$

(b) $0 \leq \frac{1}{n^2} \leq 1$ e $-1 \leq -\cos\frac{1}{n+1} \leq 1$, donde $-1 \leq \frac{1}{n^2} - \cos\frac{1}{n+1} \leq 2$,

(c) $0 < \frac{2n+3}{n^2+2n+3} \leq 1$.

5. Use a definição para mostrar que as sequências $(a_n)_n$ possuem limites, se:
   (a) $\forall \varepsilon > 0, \exists n_o = 2/\varepsilon$, tal que para todo $n > n_o$:

$$|\frac{3n+2}{n} - 3| = \frac{2}{n} \leq \frac{2}{n_o} = \varepsilon.$$

(b) $\forall \varepsilon > 0, \exists n_0 = 1/\sqrt{\varepsilon}$, tal que, para todo $n > n_0$:
$$|(-1)^n \frac{1}{1+n^2}| \leq |\frac{1}{n^2}| \leq \frac{1}{n_0^2} = \varepsilon.$$

(c) $\forall \varepsilon > 0, \exists n_0 = 2/\varepsilon^2$, tal que, para todo $n > n_0$:
$$|\frac{n+\cos n}{\sqrt{n}}| \leq \frac{\sqrt{2}}{\sqrt{n}} \leq \frac{\sqrt{2}}{\sqrt{n_0}} = \varepsilon.$$

(d) $\forall \varepsilon > 0$, escolha $n_0 = \left[\log_5 \frac{1}{\varepsilon}\right]$.

6. $\frac{1}{3} - x_1 = \frac{1}{3.10}, \frac{1}{3} - x_2 = \frac{1}{3.10^2}, \dots, \frac{1}{3} - x_n = \frac{1}{3.10^n}$. Escolhemos n_0 de tal forma que satisfaça

$$\frac{1}{3.10^n} < \varepsilon,$$

ou seja $n_0 > \log_{10} \frac{1}{\varepsilon} - \log_{10} 3$, assim, para todo $n > n_0$, temos

$$\lim_{n \to \infty} x_n = \frac{1}{3}.$$

7.

(a) 3;

(b) $\lim_{n\to\infty} \frac{-4n^2+5n-6}{n^2-6} = \lim_{n\to\infty} \frac{-4n^2/n^2+5n/n^2-6/n^2}{n^2/n^2-6/n^2} = -4;$

(c) 0;

(d) 1/9;

(e) $\lim_{n\to\infty} \left(\sqrt[3]{n} - \sqrt[3]{n+1}\right) = \lim_{n\to\infty} \frac{-1}{\sqrt[3]{n^2}+\sqrt[3]{n(n+1)}+\sqrt[3]{(n+1)^2}} = 0;$

(f) $\lim_{n\to\infty} \frac{1+2+3+\cdots+n}{n^2-4} = \lim_{n\to\infty} \frac{\frac{n(n+1)}{2}}{n^2-4} = 1/2;$

(g) $\lim_{n\to\infty} \left(n - \sqrt{n^2+3}\right) = 0;$

(h) $\lim_{n\to\infty} \frac{(n+2)!+(n+1)!}{(n+3)!} = \lim_{n\to\infty} \frac{(n+1)!(n+2+1)}{(n+1)!(n+2)(n3)} = 0;$

(i) $\lim_{n\to\infty} \frac{1^2+2^2+3^2+\cdots+n^2}{n^3+1} = \lim_{n\to\infty} \frac{n(n+1)(2n+1)}{6(n^3+1)} = 1/3;$

(j) $\lim_{n\to\infty} \left(\sqrt{n+\sqrt{n+\sqrt{n}}} - \sqrt{n}\right) = \lim_{n\to\infty} \frac{\sqrt{n+\sqrt{n}}}{\sqrt{n+\sqrt{n+\sqrt{n}}}+\sqrt{n}} = 1/2;$

(k) $\lim_{n\to\infty} \frac{\sqrt[n]{n}+\sqrt[n]{n+1}+\sqrt[n]{n+2}}{\sqrt[n]{n}+2} = \frac{1+1+1}{1+2} = 1.$

8.

(a) $e^{3/2}$.

(b) e^{-2}.

(c) e^2.

(d) 1.

(e) e^6.

(f) e.

9.

(a) $\forall n \geq 2, \sqrt[n]{8} > 1$. Escrevendo $\omega_n = \sqrt[n]{8} - 1 > 0$, ou seja $8 = 1 + \omega_n)^n \geq 1 + n\omega_n > n\omega_n$. Daqui $0 < \omega_n < \frac{8}{n}$ e como $\lim_{n\to\infty} \frac{8}{n} = 0$, segue que $\lim_{n\to\infty} \omega_n = 0$. Logo $\lim_{n\to\infty} \sqrt[n]{8} = 1$.

(b) Segue do fato que $\frac{2}{3} < 1$.

(c) $0 < \frac{5}{1} \cdot \frac{5}{2} \cdot \frac{5}{3} \cdot \frac{5}{4} \cdot \frac{5}{5} \cdot \frac{5}{6} \cdot \frac{5}{7} \cdots \frac{5}{n} < \frac{5^6}{6!} \cdot \frac{5^{n-6}}{7^{n-6}} = \frac{5^6}{6!} \cdot \left(\frac{5}{7}\right)^{n-6} \to 0$.

(d) Como $\log_3 \sqrt{n} < \sqrt{n}$, segue que $\frac{\log_3 n}{2} < \sqrt{n}$, ou seja $0 < \frac{\log_3 n}{n} < \frac{2}{\sqrt{n}}$.

10.

(a) $\forall \Delta > 0$ existe n_0 tal que $\forall n > n_0, \sqrt[3]{n} > \Delta$. Escolhendo $n_0 = \Delta^3$, temos $\sqrt[3]{n} > \sqrt[3]{n_0} = \Delta$.

(b) $\forall \Delta > 0$ existe n_0 tal que $\forall n > n_0, 2^n > \Delta$. Escolhemos $n_0 = \log_2 \Delta$. Assim
$$2^n > 2^{n_0} = 2^{\log_2 \Delta} = \Delta.$$

(c) $\forall \Delta > 0$ existe n_0 tal que $\forall n > n_0, \log_2 n > \Delta$. Seja $n_0 = 2^\Delta$
$$\log_2 n > \log_2 n_0 = \log_2 2^\Delta = \Delta.$$

(d) $\lim_{n\to\infty} \left(\sqrt{n} - \sqrt{n^2 + 1}\right) = \lim_{n\to\infty} \frac{n - n^2 - 1}{\sqrt{n} + \sqrt{n^2 + 1}} = -\infty$.

Solução Capítulo 2

1.

(a) Não se cumpre.

(b) Não se cumpre.

(c) Cumpre-se.

(d) Não se cumpre.

(e) Cumpre-se.

2.

(a) $\lim_{n\to\infty} \frac{1/\sqrt{n}}{1/\sqrt{20n}} = \sqrt{20} > 0$. A série diverge.

(b) $\lim_{n\to\infty} \sqrt[n]{\left|\left(\frac{n}{n+1}\right)^{n^2}\right|} = \lim_{n\to\infty} \left(\frac{n}{n+1}\right)^n = e^{-1} < 1$. A série converge.

(c) $\lim_{n\to\infty} \frac{1/n}{1/\sqrt{n(n+1)}} = 1 > 0$. A série diverge.

(d) $\frac{\sqrt[3]{n}}{(n+1)\sqrt{n}} < \frac{\sqrt[3]{n}}{n\sqrt{n}} = \frac{n^{1/3}}{n^{3/2}} = \frac{1}{n^{7/6}}$. Logo, a série converge pelo critério de comparação e da p-série.

(e) Diverge.

(f) Converge pelo critério da raiz.

(g) Diverge, pois $\lim_{n\to\infty} S_n = \lim_{n\to\infty} \ln(n+1) = +\infty$.

(h) Diverge pelo critério da razão; $\lim_{n\to\infty} \frac{a_{n+1}}{a_n} = 3/e > 1$.

(i) Como $\lim_{n\to\infty} \frac{1/(n^2-n)}{1/n^2} = 1 > 0$, segue que a série converge.

(j) Como $\lim_{n\to\infty} \frac{n^2}{2n^2+1} = 1$, segue que a série diverge, pois o termo geral não tende para zero.

(k) Como $\lim_{n\to\infty} \frac{(n+1)!/(2(n+1)+1)}{n!/(2n+1)} = \infty$, segue que a série diverge.

(l) Converge pelo critério de comparação.

(m) Converge pelo critério da raiz.

(n) Converge.

(o) Converge.

(p) Diverge.

(q) Converge.

(r) Converge.

(s) Converge pelo critério da raiz.

(t) Diverge.

(u) $f(x) = \frac{1}{x\ln^2 x}$, então
$$\int_2^\infty \frac{dx}{x\ln^2 x} = \int_{\ln 2}^\infty \frac{dt}{t^2} = \frac{1}{\ln 2}.$$
Logo a série converge.

(v) Pelo Critério de Raabe, a série converge se $\frac{p}{2} + q > 1$.

(w) Pelo Critério de Raabe, a série converge se $\alpha(q - p) > 1$.

3.

(a) Converge condicionalmente.

(b) Converge condicionalmente

(c) Como $\lim_{n\to\infty} \sqrt[n]{\left(\frac{2n+1}{3n+1}\right)^n} = \frac{2}{3} < 1$, segue que a série converge absolutamente.

(d) Converge absolutamente.

(e) Converge condicionalmente.

(f) Como $\lim_{n\to\infty} \frac{1/(n^4-n^3)}{1/n^4} = 1$. Logo a série converge absolutamente.

(g) Como $\frac{|n\alpha|}{(\ln 20)^n} \leq \frac{1}{(\ln 20)^n}$, e a série $\sum_{n=1}^\infty \frac{1}{(\ln 20)^n}$ converge, então nossa série converge absolutamente pelo critério majorante.

(h) Converge condicionalmente pelo critério de Leibniz.

(i) Converge condicionalmente.

(j) Converge absolutamente.

Solução Capítulo 3

1.

   (a)

   i. converge uniformemente;

   ii. converge não uniformemente.

   (b) Converge uniformemente.

   (c) Converge não uniformemente.

   (d) Coverge uniformemente.

   (e) Converge uniformemente.

   (f) Converge não uniformemente.

   (g) Converge uniformemente.

   (h)

   i. Converge uniformemente.

   ii. Converge não uniformemente.

   (i) Converge uniformemente.

2.

   (a)

   i. Converge uniformemente.

   ii. Converge não uniformemente.

   (b) Converge uniformemente.

   (c) Converge não uniformemente.

   (d) Converge não uniformemente.

   (e) Converge uniformemente.

3.

   (a) Converge absolutamente quando $x > 1$, converge condicionalmente se $0 < x \leq 1$ e diverge se $x \leq 0$.

(b) Diverge $\forall x \in \mathbb{R}$.

(c) Converge para todo $x > 0$

(d) Diverge $\forall x \in \mathbb{R}$.

(e) Converge absolutamente se $x > e$ e diverge se $x \leq e$.

(f) Converge absolutamente se $|x| < 1$.

(g) Converge absolutamente se $x < -1$ e converge condicionalmente se $-1 \leq x < 0$.

(h) Diverge $\forall x \in \mathbb{R}$.

(i) Converge para $x > 1, x < 1$.

(j) Converge para $-1 < x < 0, 0 < x < 1$.

4. Pelo Critério de Weierstrass as séries convergem uniformemente:

(a) $\frac{1}{x^2+n^2} \leq \frac{1}{n^2} \forall x \in \mathbb{R}$.

(b) $|\frac{(-1)^n}{x2^n}| \leq \frac{1}{2^n}$.

(c) $|\frac{nx}{\sqrt[3]{n^4+x^4}}| \leq |\frac{1}{\sqrt[3]{n^4+x^4}}| \leq \frac{1}{\sqrt[3]{n^4}} = \frac{1}{n^{4/3}}$.

(d) $|x^2 e^{-nx}| = |\frac{x^2}{e^{nx}}| \leq |\frac{x^2}{1+nx+n^2x^2+\cdots+}| \leq \frac{x^2}{n^2x^2} = \frac{1}{n^2}$.

(e) $\sup_{\frac{1}{2} \leq x \leq 2}(x^n + x^{-n}) = 2^n + \frac{1}{2^n} < 2^{n+1}$.

(f) $|\frac{nx}{n\sqrt{n}}| \leq \frac{1}{n^{3/2}}, \forall x \in \mathbb{R}$.

(g) $\ln(1 + \frac{x^2}{n\ln^2 n}) \leq \frac{x^2}{n\ln^2 n} < \frac{a^2}{n\ln^2 n}$.

5.
  (a)
    i. Converge uniformemente.

    ii. Converge não uniformemente.

  (b) Converge não uniformemente.

(c) Converge uniformemente.

(d) Converge uniformemente.

(e) Converge uniformemente.

Solução capítulo 4

1.

(a) Use o critério da raiz ou da razão: $-1 \leq x < 1$.

(b) Pelo critério da razão: $|x| \leq 1$.

(c) $x \in \mathbb{R}$.

(d) $|x + 10| < e$.

(e) $x \in \mathbb{R}$.

(f) $x = 0$.

(g) $|x| < 1$.

(h) Pelo critério da razão: $-1 \leq x \leq 1$.

(i) $-9 \leq x \leq -7$.

(j) $|x| \leq 1$.

(k) Pelo critério da raiz: $|x| \leq 1$.

(l) $-1 \leq x < 1$.

(m) $|x| < 6$.

(n) $-3 \leq x < 3$.

(o) $-\frac{\sqrt{5}}{3} \leq x < \frac{\sqrt{5}}{3}$.

(p) $x \in \mathbb{R}$.

(q) $|x + 8| \leq 1$.

(r) $|x| \leq 1$.

(s) Pelo critério da raiz: $|x| < 2$.

2. Encontre o desenvolvimento em série de Maclaurin das seguintes funções

(a) $\operatorname{senh} x = x + \dfrac{x^3}{3!} + \dfrac{x^5}{5!} + \cdots + \dfrac{x^{2n+1}}{(2n+1)!} +$

(b) $\arccos x = \dfrac{\pi}{2} - x - \dfrac{x^3}{6} - \dfrac{3x^5}{40} - \cdots$

(c) $\dfrac{1}{\sqrt{4-x^2}} = \dfrac{1}{2}(1 - (x/2)^2)^{-1/2} = \dfrac{1}{2}\left(1 + \dfrac{1}{16}x^2 + \dfrac{3}{256}x^4 + \dfrac{15}{2^9(2!)(3!)}x^6 + \cdots\right)$.

(d) $x\cos x = \dfrac{2x}{2} = \dfrac{1}{2}\left(2x - \dfrac{1}{3!}(2x)^3 + \dfrac{1}{5!}(2x)^5 + \cdots\right)$.

(e) $\sqrt[3]{27 + x} = 3\sqrt[3]{1 + \dfrac{x}{27}} = 3\left(1 + \dfrac{1}{3^3 \times 3}x - \dfrac{2}{3^6 \times 3^2 \times(2!)}x^2 + \cdots\right)$.

(f) $\cos(5x) = 1 - \dfrac{(5x)^2}{2!} + \dfrac{(5x)^4}{4!} - \dfrac{(5x)^6}{6!} + \cdots$.

(g) $\cos^2\dfrac{x^2}{3} = \dfrac{1}{2} + \dfrac{1}{2}\cos\dfrac{2x^2}{3} = \dfrac{1}{2} + \dfrac{1}{2}\left(1 - \dfrac{4x^4}{9.2!} + \dfrac{16x^8}{81.4!} - \cdots\right)$.

(h) $\operatorname{sen}^2 x = \dfrac{1}{2} - \dfrac{1}{2}\cos 2x = \dfrac{1}{2} - \dfrac{1}{2}\left(1 - \dfrac{4x^2}{2!} - \dfrac{16x^4}{4!} + \dfrac{64x^6}{6!} - \cdots\right)$.

(i)
$$\int_0^x e^{-t^2}dt = \int_0^x \left[1 - t^2 + \dfrac{t^4}{2!} - \dfrac{t^6}{3!} + \dfrac{t^8}{4!} + \cdots\right]dt =$$
$$= x - \dfrac{x^3}{3!} + \dfrac{x^5}{5(2!)} - \dfrac{x^7}{7(3!)} + \dfrac{x^9}{9(4!)} + \cdots$$

(j) $\operatorname{arcsen} x = x + \dfrac{x^3}{2!} + \dfrac{1 \times 3 x^3}{2 \times 4} + \cdots$.

(k) $\dfrac{x^{20}}{1-x} = \sum_{n=20}^{\infty} x^n$.

(l) $\dfrac{\operatorname{sen} 3x}{x} = 3 - \dfrac{3^3 x^2}{3!} + \dfrac{3^5 x^4}{5!} - \dfrac{3^7 x^6}{7!} + \cdots$.

(m) $(1 + x)\ln(1 + x) = x + \sum_{n=1}^{\infty} (-1)^{n+1}\dfrac{x^{n+1}}{n(n+1)}$.

(n) $e^x x = x + x^2 + \dfrac{x^3}{3} + \cdots$.

3.
   (a) 1,6487.

(b) 0,3678.

(c) 0,0174.

(d) 0,9993.

(e) 3,1415.

(f) 2,3025.

4. Aplicando o método de derivação, encontre os primeiros 4 termos da solução das seguintes equações diferenciais através de séries de potências, dadas as condições iniciais:

(a) $y = 1 + x^2 - \frac{x^3}{6} + \frac{x^4}{3} + \cdots;$

(b) $y = 1 + x + 2x^2 + \cdots;$

(c) $y = 2 + \frac{5}{2}x + 2x^2 + \frac{89}{8}x^3 + \cdots;$

(d) $y = 1 + x^2 + \frac{x^3}{3} + \frac{x^4}{12} + \cdots;$

(e) $y = a(1 - \frac{x^2}{2!} + \frac{2x^4}{4!} - \frac{9x^6}{6!} + \cdots)$

Solução Capítulo 5
1.
(a)
$$f(x) = \frac{1}{2} + \frac{10}{\pi} \sum_{n=1}^{\infty} \frac{(2n-1)x}{2n-1}; S(0) = \frac{1}{2}, S(\pm\pi) = \frac{1}{2}.$$

(b) $\cos ax = \frac{2a\pi}{\pi}\left[\frac{1}{2a} + \sum_{n=1}^{\infty} \frac{(-1)^n a\cos nx}{a^2-n^2}\right]$ com $a \notin \mathbb{Z}$, $S(\pm\pi) = \cos a\pi.$

(c) $senh\, ax = \frac{2sen\, a\pi}{\pi} \sum_{n=1}^{\infty} \frac{(-1)^{n-1} n\, sen\, nx}{a^2+n^2}; S(\pm\pi) = 0.$

(d) $\cosh ax = \frac{2senha\pi}{\pi}\left[\frac{1}{2a} + \sum_{n=1}^{\infty} \frac{(-1)^n a\cos nx}{a^2+n^2}\right]; S(\pm\pi) = \cosh a\pi.$

(e) $|sen x| = \frac{2}{\pi} - \frac{4}{\pi}\sum_{n=1}^{\infty} \frac{\cos 2nx}{(2n-1)(2n+1)}.$

(f) $a_o = \pi$,

$$a_n = \begin{cases} 0, & n \text{ par}, \\ -\frac{4}{\pi n^2}, & n \text{ ímpar} \end{cases} \quad b_n = \begin{cases} \frac{2}{n}, & n \text{ ímpar}, \\ -\frac{2}{n^2}, & n \text{ par}. \end{cases}$$

(g) $f(x) = \text{sign}(x) = \frac{4}{\pi} \sum_{n=1}^{\infty} \frac{\text{sen}(2n-1)x}{2n-1}$.

(h) $\pi^2 - x^2 = \frac{2}{3}\pi^2 + 4\sum_{n=1}^{\infty} \frac{(-1)^{n+1}\cos nx}{n^2}$.

(i) $e^x = \frac{\text{senh }\pi}{\pi} + \frac{2\text{senh }\pi}{\pi}\sum_{n=1}^{\infty} \frac{(-1)^n}{n^2+1}(\cos nx - n \text{ sen } nx)$.

2. $\frac{\pi-x}{2} = \sum_{n=1}^{\infty} \frac{\text{sen } nx}{n}$.

3.

(a) $e^x = \text{senh}l\left[\frac{1}{l} + 2\sum_{n=1}^{\infty}(-1)^n \frac{l\cos\frac{n\pi x}{l} - \pi n \text{sen}\frac{n\pi x}{l}}{l^2+n^2\pi^2}\right], x \in (-l, l)$.

Em particular se $l = 1$:

$$e^x = \text{senh } 1\left[1 + 2\sum_{n=1}^{\infty}(-1)^n \frac{\cos n\pi x - \pi n \text{sen } n\pi x}{1+n^2\pi^2}\right], x \in (-1,1).$$

(b) $10 - x = \frac{10}{\pi}\sum_{n=1}^{\infty}(-1)^n \frac{\text{sen}\frac{n\pi x}{5}}{n}, 5 < x < 15$.

4.

(a) $2 = \frac{8}{\pi}\sum_{n=1}^{\infty} \frac{\text{sen } 2(n-1)\pi x}{2n-1}$.

(b) $x(1-x) = \frac{4}{\pi^3}\sum_{k=1}^{\infty} \frac{1-(-1)^k}{k^3}\text{sen } k\pi x, x \in (0,1)$.

5.

(a) $x = \frac{l}{2} - \frac{4l}{\pi^2}\sum_{k=1}^{\infty} \frac{\cos\frac{(2k-1)\pi x}{l}}{(2k-1)^2}$.

(b) $e^x = \frac{2}{\pi}(e^{\pi/2} - 1) + \frac{4}{\pi}\sum_{k=1}^{\infty} \frac{e^{\pi/2}(-1)^k-1}{4k^2+1}\cos 2kx, x \in (0, \pi/2)$.

6.

(a) $|x| + x = 1 + \frac{2}{\pi}\sum_{-\infty}^{+\infty}_{(k\neq 0)} \left[\frac{(-1)^k-1}{\pi k^2} + i(-1)^k\right]e^{ik\pi x/2}, x \in (-2,2)$.

(b) $x^2 = \frac{1}{3} + \frac{2}{\pi^2}\sum_{-\infty}^{+\infty}_{(k\neq 0)} \frac{(-1)^k}{k^2}e^{ik\pi x}, x \in (-1,1)$.

7.

$$u(x,t) = \frac{4T_0}{\pi} \sum_{k=1}^{\infty} \frac{1}{2k-1} \exp\left\{-a^2 \left[\frac{(2k-1)\pi}{2L}\right]^2 t\right\}. \operatorname{sen} \frac{(2k-1)\pi x}{2L}.$$

8.

$$u(x,t) = \frac{400}{\pi} \sum_{k=1}^{\infty} \frac{1}{2k-1} e^{-5\left(\frac{(2k-1)\pi}{10}\right)^2 t} \operatorname{sen} \frac{(2k-1)\pi x}{10}.$$

9.

$$u(x,t) = 60 - 40x - \frac{80}{\pi} \sum_{k=1}^{\infty} \frac{1}{k} e^{-7k^2\pi^2 t} \operatorname{sen} k\pi x.$$

10.

$$u(x,t) = \frac{2l}{\pi} \sum_{n=1}^{\infty} \frac{(-1)^{n+1}}{n} \cos \frac{an\pi t}{l}. \operatorname{sen} \frac{n\pi x}{l}.$$

11.

$$u(x,t) = \frac{196}{\pi^2} \sum_{k=1}^{\infty} \frac{1}{(2k-1)^2} \operatorname{sen} \frac{\sqrt{3}(2k-1)k\pi t}{6}. \operatorname{sen} \frac{(2k-1)\pi x}{6}.$$

12.

  (a)

$$u(x,y,t) = \frac{Ad^2b^2}{\pi} \sum_{k,p=1}^{\infty} \frac{1}{k^2p^2} \operatorname{sen} \frac{2k\pi x}{d}. \operatorname{sen} \frac{2p\pi x}{b}. \cos\left(at\pi\sqrt{\frac{4k^2}{d^2} + \frac{4k^2}{d^2}}\right).$$

  (b)

$$u(x,y,t) = \frac{8Ad^2}{a\pi 4} \sum_{k=1}^{\infty} \frac{1}{(2k-1)^2} \operatorname{sen} \frac{(2k-1)\pi x}{d}. \operatorname{sen} \frac{a(2k-1)\pi t}{b}.$$

13. Dica: Escreva a equação de Laplace em coordenadas polares

$$\rho^2 \frac{\partial^2 u}{\partial \rho^2} + \rho \frac{\partial u}{\partial \rho} + \frac{\partial^2 u}{\partial \varphi^2}$$

Referências Bibliográficas

[1] R. Courant, and D. Hilbert, Methods of mathematical Physics, Interscience Publishers, Vol I, 1953; Vo, II, 1962.

[2] R. Creighton Buck, Advanced Calculus, McGraw-Hill Kogakusha,Tokyo, 1978.

[3] David Zavaleta Villanueva, Princípios de Análise e Exercícios de Cálculo, Editora livraria da física, São Paulo, 2014.

[4] B. Demidovitch, Problemas e Exercícios de Análise Matemática, Editora Mir, Moscow 1977

[5] L. Elsgoltz, Ecuaciones Diferenciales y Cálculo Variacional, Editora Mir, Moscow 1969

[6] f. John, Partial Differential equations, Springer verlag, New York, 1982 fourth Edition.

[7] G.M. Fixtengolts, Um Curso de Cálculo Diferencial e Integral, Vol I, II (em russo), Nauka, Moscou 1969.

[8] L.D. Kudriatsev, Análise matemática, Vol I, II (em russo), Bishaia Shkola, Moscou 1973.

[9] Louis Brand, Advanced Calculus, JOHN WILEY & SONS, INC., New York, 1965.

[10] E. Lages Lima, Um Curso de Análise Matemática, Vol I, Instituto de Matemática Pura e Aplicada - CNPq, 1976.

[11] S.M. Nikolsky, Curso de Análise Matemática, Vol I, MIR, Moscou 1975.

[12] A. Ostrowski, Lições de Cálculo Diferencial e Integral, Vol II e II, FUNDAÇÃO CA LOUSTE GULBENKIAN, LISBOA,1960.

[13] N. Piskunov, Cálculo Diferencial e Integral, Vol I, II, MIR, Moscou 1972.

[14] V.I. Smirnov, A Corse of Higher Mathematics, Translation, Addison Wesley, Vol. IV, 1977.

Impressão e acabamento
Gráfica da Editora Ciência Moderna Ltda.
Tel: (21) 2201 - 6662